Mann · Gott · Frau

Falk Strehlow

Mann · Gott · Frau

Lenz
Georg Büchner

Der grüne Heinrich
Gottfried Keller

Andrej Rubljow
Andrej Tarkowskij

ibidem-Verlag
Stuttgart

Die Deutsche Bibliothek - CIP-Einheitsaufnahme:

Ein Titeldatensatz für diese Publikation ist bei
Der Deutschen Bibliothek erhältlich

∞

Gedruckt auf alterungsbeständigem, säurefreien Papier
Printed on acid-free paper

ISBN: 3-89821-082-0

© *ibidem*-Verlag
Stuttgart 2001
Alle Rechte vorbehalten

Das Werk einschließlich aller seiner Teile ist urheberrechtlich geschützt. Jede Verwertung außerhalb der engen Grenzen des Urheberrechtsgesetzes ist ohne Zustimmung des Verlages unzulässig und strafbar. Dies gilt insbesondere für Vervielfältigungen, Übersetzungen, Mikroverfilmungen und elektronische Speicherformen sowie die Einspeicherung und Verarbeitung in elektronischen Systemen.

Printed in Germany

Inhalt

Vorwort 7

Authentizität und Fiktion in Büchners *Lenz* 11

Einleitung 11

I. Literarhistorischer Hintergrund 14
    Novelle
    Jakob Michael Reinhold Lenz (23.1.1751-3./4.6.1792)

II. Unterschiedliche Wirklichkeitsmodi in Lenzens Wahrnehmung ... 18
    Landschaft 18
        Penetranz der Wirklichkeit
        Einverleibung: Ich-Wirklichkeit/Wirklichkeit-Ich
        Wirklichkeitsvakuum
        Gott=Wirklichkeit

    Atheismus 27
        Gottesvereinigung
        Gottesvernichtung und Schuld
        Ringen mit Gott
        Die subversive Macht des Lachens

    Selbstaufgabe 35

Zusatz 38
Literatur 40
Anhang 42

Gottesbild/-bilder im *Grünen Heinrich* 45

Einleitung 45
    Drei Fragen

I. Gebet 47
    Affekt-Gott/Affekt-Gebet
    Katechismuskritik/der Wort-Gott
    Dialogische Spiele
    Das Schweigen Gottes

II. Wandlung 62
    Gottesmetamorphosen
    Nackte Weiblichkeit
    Gott als Ideal/körperlose Liebe
    Der Mensch/Ludwig Feuerbach
    Gott als Begriff
    Gott: eine Leerstelle

III. Vater 83
    Gott-Vater/Vater-Gott
    Heinrich: gottgleich

Ausblick 87
    Ein absterbender männlicher Gott
    Eine vitale weibliche Gottesalternative

Literatur 90

Tarkowskijs *Andrej Rubljow* 93

Einleitung 93
    Wort und Bild

I. Weiblichkeit als Anteil eines Metapherntyps 96
    Zwei Wagenladungen Frauenhaar
    Die wandernde Närrin
    Die Hexe - seine Schmach, seine Sünde, sein Traum

II. Naturtopoi und Paradigmen des Schaffens 114
    'Gott hat uns den Priester gegeben und der Teufel den Gaukler'
    Wie ein Engel fliegt er über die Erde
    Der Erfinder
    Boriska - ein rastloser Dämon
    Ein Glaube, der Stumme wieder reden macht

III. Andrej Rubljow malt seinen neuen kategorischen Imperativ 137
    Du sollst nicht fürchten!

Literatur 143

Vorwort

Georg Büchners Novelle *Lenz*, Gottfried Kellers Roman *Der grüne Heinrich* und Andrej Tarkowskijs *Andrej Rubljow* - sowohl die Novelle als auch ihre Verfilmung - sind Paradigmen modernen Erzählens.

Büchners *Lenz* reicht durch seinen historischen Gegenstand - Jakob Michael Reinhold Lenz - in die Ausläufer vormodernen Schreibens zurück. Büchner zitiert mit seinem Text eine Biographie des Geniezeitalters und konfrontiert sie mit seiner eigenen Weltsicht, die an der Auseinandersetzung mit den Turbulenzen eben jener Biographien der Vormoderne gewachsen ist.

Der *Lenz* von Büchner gilt neben Kleists Werk als Initialzündung der Moderne. Nachdem Kleist mit der omnipotenten Stilfigur des Paradoxons der Moderne die Richtung wies, bereitet ihr Büchner wenig später mit seinem 'auf den Kopf gestellten Lenz' den Weg und begibt sich mit aller Radikalität auf diesen stolprigen Pfad.

Kellers *Grüner Heinrich* und seine *Seldwyler Novellen* sind die reifen und gediegenen Früchte der von den frühen modernen Dichtern so hitzig bestellten Saat - die Lebens- und Werkgeschichte von Kleist und Büchner legen Zeugnis ab für ein deutliches Zerrissensein zwischen Leben und Werk und dem Kontrast zwischen einem Zeitmangel im Leben und einer wohlwollenden Zeit ihrem Werk gegenüber bis in die Gegenwart hinein. Gottfried Keller hingegen nimmt sich Zeit für sein literarisches Hauptwerk - sowohl für die in der hier vorliegenden Arbeit thematisierte erste Fassung als auch für die Jahrzehnte später entstandene und die erste Fassung verwerfende Überarbeitung - und läßt somit ein in vielerlei Hinsicht 'großes' Werk entstehen.

Kellers *Grüner Heinrich* ist prototypisch für die Orientierungs- und Ausweglosigkeit des Subjekts in der Moderne. Nur Franz Kafka hat das Kardinalthema der Moderne - die Unsicherheit des Individuums beim Selbst- und Weltentwurf - in dieser Qualität literarisch weiter ausformulieren können und bis zur Chiffre gestaltet.

Gottfried Kellers Gespür für die *Fragen* seiner Zeit läßt Nietzsches und Freuds folgende Antworten plausibel erscheinen und gestaltet als Impulsgeber des Denkens vor allem das 20. Jahrhundert mit.

Tarkowskijs *Andrej Rubljow* lebt im Mittelalter. Der Blick eines Filmemachers auf diesen vorneuzeitlichen Gegenstand entwirft jedoch eine Sprache - eine Bildersemiotik - die für *postmodernes* 'Erzählen' konstitutiv ist und als 'Zeichensprache' für diese 'Erzähltradition' bestimmend war und ist. Die Vermischung der Medien Film und Buch, der visuellen und semantischen Ausdrucksmittel, ist ein genuines Stilmerkmal einer in die Postmoderne hineinreichenden Ausdrucksweise.

Andrej Rubljows Motivwelt, die Probleme und Befindlichkeiten des Protagonisten, aber auch die innere Logik - die Gedankenwelt des Textes - hingegen sind deutlich in der Moderne verankert. Somit gilt Tarkowskijs Werk hier als ein Ausläufer der Moderne, der von einem historisch mittelalterlichen Gegenstand ausgehend einen Protagonisten der Moderne darstellt und durch seine Sprache über sie hinausweist.

Die o.g. Texte wurden von mir in den letzten fünf Jahren neu gelesen. Als Resultat dieser Auseinandersetzung mit Büchner, Keller und Tarkowskij entstanden die drei hier vorliegenden Aufsätze. Sie sind unabhängig voneinander, mit verschiedenen Absichten und zu unterschiedlichen Zeiten entstanden und weisen somit in ihrer Gesamtheit kein homogenes Bild auf. Eine Fragerichtung hat sich jedoch durch alle drei Arbeiten hindurch deutlich herauskristallisiert. Drei Instanzen eines sich neu konstituierenden Weltbildes - Mann, Gott und Frau - wurden von Büchner, Keller und Tarkowskij neu befragt und in Frage gestellt. Die Deutlichkeit dieser Fragen wie auch das Vorfinden möglicher Antworten ergaben sich in Abhängigkeit von der Entstehungszeit des jeweiligen literarischen Textes.

Das Resultat meiner Lesarten - die in den Texten aufgehobene *männliche* Frage an *Gott*, die Suche nach Gott und die *weiblichen* Antworten und das Vorfinden der Frau - sei hier mit *Mann · Gott · Frau* vorgestellt.

In allen drei Texten wird auf unterschiedliche und bezeichnende Weise ein Gottesverlust bzw. eine Umdeutung Gottes thematisiert. Dieser Gottesmetamorphose innerhalb ihrer Weltbilder stellen sich auf ihre jeweils eigene Weise drei Männer: Lenz, Heinrich Lee und Andrej Rubljow.

Die Frage, ob in diesen drei männlichen Gottesüberwindungen, Gottesumdeutungen und Gotteshervorbringungen die Frau als Kraft wirksam ist, war für meine Bearbeitungen der Texte immer anwesend, wenn auch nicht dominant und richtungsweisend. Drei Männer - Georg Büchner, Gottfried Keller und Andrej Tarkowskij - schaffen drei männliche Figuren - Lenz, Heinrich Lee, Andrej Rubljow - in deren Umgebung Weiblichkeit als deutlicher Kontrast und Infragestellung jener Bilder auftaucht und schließlich zu deren Komplement wird - das tote Mädchen aus Fouday für Lenz, Judith für Heinrich und die Närrin für Rubljow.

Mann · Gott · Frau zeichnet in der Folge von *Lenz* über den *Grünen Heinrich* bis zu *Andrej Rubljow* - die hier als beispielhafte Begrenzungen und Pfeiler der Moderne verstanden werden wollen - die Tendenz einer Auflösung Gottes und in Gegenläufigkeit dazu das zaghafte Entstehen einer Alternative zu ihm nach. Die Charakterisierung dieser Alternative erfolgt mehr und mehr durch weibliche Attribute. Der frei gewordene utopische Raum durch den Rückzug Gottes, der durch männlichen Mut und männliche Opferbereitschaft immer mehr ins Hintertreffen geraten ist, wird von einer neuen Ikone, einem neuen Bild, einer neuen Ausrichtung der Weltwahrnehmung eingenommen - erst verborgen, durch Tod abwesend und scheu, dann herausfordernd, leibhaftig und wild - der Frau.

Berlin, 6. 9. 2000 Falk Strehlow

Vielen herzlichen Dank an Angelika Winnen! Sowohl die zahlreichen gemeinsamen Gespräche, die meine Auseinandersetzung mit den Texten und Autoren produktiv beeinflußt haben, als auch ihre kritische Lektoratsarbeit waren bei der Erstellung der hier vorliegenden Arbeit hilfreich und wichtig. Ebenso herzlichen Dank an Prof. Ernst Osterkamp und Prof. Hartmut Böhme, ohne deren anspornende Anregungen diese Arbeit gar nicht entstanden wäre. Dank auch an Eva Wunderlich und Kristin Schulz für ihre Bereitschaft, meine Arbeit kritisch zu lesen.

Authentizität und Fiktion in Büchners *Lenz*-Novelle
Gott und die Welt

Einleitung

Georg Büchners ca. 20seitiger einziger[1] Prosatext soll hier den Anlaß bieten, über Authentizität und Fiktion in seinem Werk nachzudenken. Sowohl in bezug auf Büchners gesamtes Œuvre als auch insbesondere in seinem *Lenz,* eröffnen die Begriffe Authentizität und Fiktion ein weites Untersuchungsfeld und unterschiedlichste Zugänge. Das Verhältnis zwischen historischer Realität und literarischer Ausdeutung, zwischen dem Wahrheitsanspruch einer (konkreten) *Abbildung von Welt* (Dokumentation, Protokoll, Gutachten, Bericht) und dem Wahrheitsanspruch einer (künstlerischen) *Behauptung von Welt* (Gedicht, Flugschrift, Drama, Novelle) ermöglicht *einen* Zugang zu Büchners Werk.

Eine weitere Möglichkeit der Auseinandersetzung mit Authentizität und Fiktion bieten die Begriffspaare Wirklichkeit versus Traum, Realität versus Metaphysik, Natur versus Gott *innerhalb* von Büchners Texten bzw. in seiner Novelle. Der Fokus dieser Fragerichtung zielt auf das Büchnersche Motiv vom Verhältnis zwischen Wirklichkeit und Unwirklichkeit. Diese beiden Größen in ihrem gegenseitigen Bezug werden von Büchner neu akzentuiert.

Die Beziehungen zwischen dem historischen Jakob Michael Reinhold Lenz - vom 23. 01. 1751 bis 3/4. 06. 1792 - und Büchners erdachtem Lenz - von *Den 20. ging Lenz durch's Gebirg.* bis *So lebte er hin.* - werden in dem ersten Teil meiner Arbeit skizziert. Es handelt sich hierbei also um einen Vergleich zwischen einer lebendigen Person (durch *Dokumente* rekonstruiert) und einer Phantasiegestalt (durch Büchners *Literarisierung* geschaffen).

---

[1] sieht man von dem *Fragment einer Erzählung, dem Vater zugedacht* ab, das er im Alter von 14 Jahren schrieb

In dem zweiten mir wesentlich wichtigeren Teil möchte ich das Augenmerk ausschließlich auf die literarische Figur Lenz legen, dessen Selbst- und Weltverständnis sich durch *unterschiedliche Wirklichkeitsmodi* ergibt. Hierbei geht es um eine textimmanente Auseinandersetzung mit dem Gegensatz zwischen empirischer Welt und Gedankenwelt als konstitutivem Motiv für das Verständnis der Texte Büchners. Innerhalb von Büchners literarischer Bearbeitung von Welt wird ein neues Verhältnis zwischen Konkretion (Bestimmtheit) und Phantasmagorie (Unbestimmtheit) behauptet.

Innerhalb der germanistischen Literaturgeschichte schließt Büchner unmittelbar an Heinrich von Kleists Motivik: Traum, Ohnmacht, Liebe, Somnambulismus versus Wirklichkeit, Gesetz, Leben, Krieg[2] an und radikalisiert sie durch seinen uneingeschränkten Diesseitsbezug. Während bei Kleist diese beiden Bereiche untereinander nicht vermittlungsfähig sind, thematisiert Büchner sie erstmalig als zwei Pole eines Bereiches. Büchners *Wahrheit*, die er in seinen Texten verkündet, lautet: *wenn mir überhaupt zu helfen ist, dann hier auf Erden* - in den Wirklichkeiten dieser Welt.

Erstmalig wird mit dem *Lenz* ein modernes Ich in einem polaren Spannungsverhältnis (in einem Kontinuum) zwischen Wirklichkeit und Fiktion behauptet, welches die *unmittelbaren Lebenszusammenhänge theatralisiert* und ein *mittelbares Ideal profanisiert* und *entlarvt*. Das Ergebnis ist Wirklichkeitsverlust und Gottesverlust gleichzeitig. Lenzens 20-seitiger Lebensweg läßt sich folgendermaßen skizzieren: Lenz stellt das herkömmliche Verhältnis zwischen Gott und der Welt *auf den Kopf*[3], geht durch die Schrecken (im damaligen Weltverständnis) eines konsequenten Atheismus[4] und mündet in die Aporie seiner neu geschaffenen Lebenswirklichkeit, deren Turbulenzen Wahnsinn und Selbstaufgabe nach sich ziehen. Der literarische Lenz ist ein Spektrum von Wirklichkeiten.

---

[2] Nahezu alle Arbeiten Kleists lassen sich auf diese Grundkonfiguration zurückführen. Kleists Leistung besteht in einer unglaublichen Variantenvielfalt der literarischen Thematisierung der Unvermittelbarkeit dieser beiden Bereiche. Ob es sich im *Marionettentheater* um den einzigartigen Affekt und die wiederholende Übung, in der *Penthesilea* um die Liebe und das Gesetz, im *Käthchen von Heilbronn* um den wahren Traum und den Schein der Wirklichkeit, im *Amphitryon* um Gott und Mann als zwei unterschiedliche Verkörperungen des Ehegatten oder im *Zweikampf* um die Wahrheit vor Gott und die juridische Wahrheit geht, immer lassen sich diese Chiffren auf die angedeutete Grundfigur zurückführen.
[3] Georg Büchner, *Werke und Briefe*, S.137; im Folgenden immer diese Ausgabe.
[4] ebd., S.151 ff.

Die Synchronizität *verschiedener Erzählwirklichkeiten*[5] faßt Peter André Bloch folgendermaßen zusammen: „Die Darstellung soll objektiv nachvollziehbar sein, gleichzeitig aber auch die subjektive Erfahrungswelt des Lenz aufzeigen in der Spannung zwischen ihren realen Bezüglichkeiten und ihrer starken phantasiehaften Versponnenheit in innere Wirklichkeiten und überwirkliche Bereiche."[6]

Die hier zu entwickelnde These ist folgende: Büchner gestaltet im *Lenz* einen *Lebensraum*[7] *des Ich*. Die beiden gegenüber liegenden Wände dieses Raumes: Authentizität (durch die Landschaft metaphorisiert) und Fiktion (durch Gott vertreten) bewegen sich bedrohlich aufeinander zu und rücken wieder unendlich weit auseinander. Büchners Kardinalthema besteht in der Veränderung dieses Raumes, in dem Ausgeliefertsein des Ich gegenüber diesem Raum und in seinem Einwirken auf diesen Raum. Die *Landschaft* ist grotesk, feindlich und fremd. *Gott* ist langweilig, lächerlich und stumm. *Lenz/das Ich* ist abgeschnitten von jeglicher Referenz, vereinzelt, ein *autistischer Charakter*[8]. In Büchners Worten: (Leonce:) „die *Erde* hat sich ängstlich zusammengeschmiegt wie ein Kind"[9], (Danton:) „Das Nichts ist der zu gebärende Welt*gott*"[10], (Lenz:) „*ich* bin der ewige Jude."[11] [Hervh., F.S.]

---

[5] nach Peter André Bloch, S.235
[6] Peter André Bloch, S.235
[7] in Anlehnung an Peter André Bloch. Blochs Aufsatz *Räume und Grenzen in Büchner's Novelle 'Lenz': Innenwelt und Außenwelt in der Verkehrung* beschäftigt sich genau mit dem Thema der unterschiedlichen Wirklichkeitsräume der Erzählung.
[8] nach Peter Michelsen, S.298
[9] Georg Büchner, S.177
[10] ebd., S.129
[11] ebd., S.152

I. Literarhistorischer Hintergrund

Novelle

... denn was ist eine Novelle anders als eine sich ereignete unerhörte Begebenheit.[12] Diese Definition öffnet genau jene Spanne zwischen Authentizität und Fiktion der hier angestrebten Gegenüberstellung von historischem Lenz und Büchners Lenz.

Eine Voraussetzung für die Novelle besteht in der *sich ereigneten Begebenheit*. D.h. einer Novelle liegt eine (im weitesten Sinne) historische Quelle zugrunde. Die Novelle behauptet damit einen *Wahrheitsanspruch*, der in der *Referenz zu einer Begebenheit*, die außerhalb des Textes liegt, besteht. Sie beschreibt mit sprachlichen Mitteln ein Ereignis der außersprachlichen Wirklichkeit. Das literarische Genre der Novelle (in seiner Ausprägung des 19. Jahrhunderts und darüber hinaus) hat immer in Anteilen den Charakter eines Zeitzeugnisses (Anspruch auf historische Wahrheit). Sie transportiert dokumentarische Momente und verweist somit auf Ereignisse in der *Wirklichkeit*. Dieser der Novelle innewohnende Belegcharakter wirkt sich auch auf die verwendete Sprache und auf Formprinzipien aus. Zwischen der Novelle und der Textsorte des Berichts sind Ähnlichkeiten nachweisbar.

Die zweite Voraussetzung für eine Novelle ist die Charakterisierung der Begebenheit als eine *unerhörte* - d.h. als eine außergewöhnliche, seltene, unglaubliche, fast un*wirkliche*. Um Novelle sein zu können, muß die Erzählung also einen wundersamen Inhalt aufweisen. Mit der Thematisierung eines Wunders benutzt die Novelle oft sprachliche Mittel, die eine Phantasiewelt entstehen lassen - z. B. starke Metaphorisierung, die synchrone Verwendung von Oberflächentext und Subtext, Märchen- und Fabelmotivik, Vermischung unterschiedlicher Wirklichkeitsmodi etc. Das im Text behauptete Wunder fordert den Leser auf, es zu glauben. Der Versuch, Goethes *Novelle*, Gottfried Kellers *Die Leute von Seldwyla* oder Stefan Zweigs *Schachnovelle* anhand der Empirie zu verifizieren, wäre ein inadäquater Umgang mit dieser Text-

---

[12] Johann Wolfgang von Goethe, Bd. 6, S.760. Anhand dieses Verständnisses von einer Novelle: „In jenem ursprünglichen Sinne einer unerhörten Begebenheit ...", wie es im Gespräch mit Eckermann weiter heißt, soll hier das Verhältnis von Authentizität und Fiktion veranschaulicht werden. Vgl. u.a. Goethes *Novelle* und seine theoretischen Überlegungen zu diesem Text, Bd. 6, S.491-513 und S.746 ff.

sorte. Wir haben es hier also mit einem *textinhärenten Wahrheitsanspruch* zu tun. Diesen Aspekt betreffend gibt es viele Affinitäten zwischen Novelle und Märchen.

Zusammenfassend kann gesagt werden: In der Novelle wird sowohl der Wahrheitsanspruch des Wunders als auch der Wahrheitsanspruch der Dokumentation gleichzeitig vertreten. Analog dazu sind sprachliche Mittel des Enigmatischen wie des Dokumentarischen in jeder Novelle nachweisbar. Die Novelle behauptet das Wundersame mit einem Wirklichkeitsanspruch. Die Wahrheit der Novelle richtet sich nach innen (auf den Text) - sie appelliert an den Glauben, die Phantasie und das Erstaunen des Lesers - und gleichzeitig nach außen (auf ihr Gegenüber: die empirische Welt) - sie will historische Quelle sein, sie verbürgt sich für das erzählte Ereignis.

Die Novelle fußt auf dem inneren Widerspruch bzw. sie konstituiert sich in dem Spannungsverhältnis zwischen Authentizität und Fiktion. Somit entspricht die Novelle in der Goetheschen Novellenkonzeption der semantischen Figur des Oxymorons zwischen Wirklichkeit und Phantasie.

Jakob Michael Reinhold Lenz (23.1.1751-3./4.6.1792)

Der *authentische* Lenz wurde am 23.1.1751 als Sohn eines Pastors in Livland geboren. Sein Theologiestudium in Königsberg brach er nach drei Jahren ab. Seine bedeutendsten Werke sind: *Der Hofmeister* (1774), *Anmerkungen über das Theater* (1774), *Die Soldaten* (1775). Lenz wurde zu Lebzeiten rezipiert. Sein Einfluß schrieb sich in andere bedeutende Werke seiner Zeit ein (z.B. Maximilian Klinger[13]). Bearbeitungen seiner Texte reichen bis ins 20. Jahrhundert (z.B. Bertolt Brecht[14]). Im April 1776 ging Lenz nach Weimar, wo er Goethe kennenlernte. Die Bekanntschaft mit Goethe ist außerordentlich turbulent und von Zerwürfnissen gekennzeichnet. Lenz gilt als *der* Prototyp des Geniezeitalters und als ein typischer Vertreter des Sturm und Drang. Anfang 1778 - ein Jahr, nachdem sich deutliche Symptome einer Geisteskrankheit zeigten - ging er zu dem Philantropen Pfarrer Johann Friedrich Oberlin nach Waldersbach. 1779 lebte er - von seinem Bruder Karl in die Heimat

---

[13]Klinger schrieb unter dem Einfluß von Lenz (und Lessings *Emilia Galotti*) die Ehebruchstragödie *Das leidende Weib* (1775).
[14]Bearbeitung des *Hofmeister* (1950)

zurückgeholt - einige Zeit in Riga, Petersburg und Moskau. Lenz starb in Moskau vereinsamt in äußerst armen Verhältnissen. Am 3. oder 4. 6. 1792 wurde er tot auf der Straße gefunden.

Goethe charakterisiert Lenz als gleichermaßen *talentvollen* wie *seltsamen* Menschen. Er sei *klein, aber nett von Gestalt* und habe einen *sanften, gleichsam vorsichtigen Schritt*, eine *angenehme nicht ganz fließende Sprache*.[15] Lenzens widersprüchlichen Charakter beschreibt Goethe folgendermaßen: „Nun aber gesellten sich die strengsten sittlichen Forderungen an sich und andere zu der größten Fahrlässigkeit im Tun, und ein aus dieser halben Selbstkenntnis entspringender Dünkel verführte zu den seltsamsten Angewohnheiten und Unarten."[16]

Goethes *Werther* kann als literarische Illustration für Lenzens Persönlichkeitsbild gelesen werden - sowohl in bezug auf die Wahrnehmung seiner Umgebung (Landschaft) als auch in bezug auf das Verhältnis zu Lotte (soziale/sublimierte Beziehungswelt). Nach Curt Holoff war Lenzens *Neigung für das weibliche Geschlecht einseitig und fand ihr Echo in seiner Einbildungskraft*.[17] Die von Goethe gewählte Form des Briefromans unterstützt die deutliche Kontrastierung zweier Welten: imaginierte, versprachlichte Welt versus Wahrnehmungswelt, Ereigniswelt. (Auf Goethes *Werther* wird im Zusammenhang mit Lenzens *Pantheismus* noch kurz einzugehen sein.)

Goethe, der ihn vor allen Dingen wegen seines Einfühlungsvermögens in bezug auf Shakespeare sehr schätzte (das er in Übersetzungen unter Beweis stellen konnte), konstatiert weiterhin einen *entschiedenen Hang zur Intrige* und hat keine Scheu, ihn als Mitmenschen folgendermaßen zu beschreiben: „Seine Tage waren aus lauter Nichts[18] zusammengesetzt, dem er durch seine Rührigkeit eine Bedeutung zu geben wußte."[19]

Die Anmerkungen von Goethe sind seiner Autobiographie *Dichtung und Wahrheit* entnommen, die auch Büchner als Quelle diente. Büchners ergiebigste Quelle jedoch war der Rechtfertigungsbericht Johann Friedrich Oberlins, den dieser unmittelbar nach Lenzens Abreise verfaßt hatte. Diese Dokumentation von Lenzens Lebensab-

---

[15] Johann Wolfgang von Goethe, *Werke*, Hamburger Ausgabe, Bd. 9, S.495
[16] Johann Wolfgang von Goethe, *Werke*, Bd. 10, S.7
[17] Georg Büchner, Anmerkungen, S.551
[18] Interessant ist die Referenz zu Büchners Motiv des *Nichts*, das mehrfach in seinen Texten auftaucht.
[19] Johann Wolfgang von Goethe, *Werke*, Bd. 10, S.8

schnitt vom 20. Januar bis 8. Februar 1778 ist leider verschollen. Zugänglich ist eine Bearbeitung des Oberlin-Berichts von August Stoeber - *Der Dichter Lenz, im Steintale* - welche in der Zeitschrift *Erwinia* 1838/39 veröffentlicht wurde. Auf diesen Aufsatz kann hier nicht detailliert eingegangen werden. Wichtig ist vor allen Dingen, zu wissen, daß die Kongruenzen zwischen Büchners und Stoebers Text bis in die Syntax nachweisbar sind. Der literarische Lenz konstituiert sich somit unmittelbar aus dem authentischen Lenz. Büchners Detailtreue bei der Übernahme von ganzen Textfragmenten ist aus seinem *Danton* (der sich in einem beträchtlichen Anteil aus den Prozeßprotokollen zusammensetzt) und aus dem *Woyzeck* (der sich ebenfalls an einem Gutachten und an Prozeßprotokollen orientiert) bekannt. Büchners Arbeitsweise besteht darin, Versatzstücke aus Dokumenten seiner oder einer vergangenen *Zeit* in seine *zeitlosen* Texte einzuarbeiten. Das Ergebnis ist eine Art Collage, deren literarischer Wert in der künstlerischen Neuakzentuierung und Modifikation im Umgang mit der Vorlage besteht.[20] Auch die Transformation eines Protokolls in das Medium des Theaters oder der Novelle macht jene Eigenleistung Büchners aus, die im Zusammenhang von Authentizität und Fiktion von besonderer Bedeutung ist. „Das der Wirklichkeit Entnommene ist im Kontext der Dichtung im hohen Grade unrealistisch."[21] Diese Arbeitsweise, *Wirklichkeit* als *Material für fiktionale Welten* auf der Bühne oder im Kopf zu verarbeiten, wurde im 20. Jahrhundert weiter entwickelt (siehe z.B. Materialbegriff bei Heiner Müller[22]).

Zusammenfassend läßt sich zu dem Verhältnis zwischen authentischem und fiktionalem Lenz folgendes sagen: Wenn man Büchners *Lenz* und Stoebers *Lenz* gegeneinander liest, entstehen zwei scheinbar widersprüchliche Eindrücke. Zum einen ist erstaunlich, wie rigoros Büchner Dialoge, Eindrücke, Ideen wortwörtlich

---

[20]Besonders eindrucksvoll ist die Arbeitsweise im Modus der Zitation anhand des Kommentarteils der *Münchner Ausgabe* nachvollziehbar. Teilweise tabellarisch sind Protokoll (z.B. das Prozeßprotokoll von Dantons Gerichtsverfahren) und nahezu gleichlautender literarischer Text nebeneinander gestellt.
[21]Peter Michelsen, S.286
[22]Heiner Müllers Texte (vor allen Dingen seine späteren Arbeiten) sind nichtlineare Hypertexte, die sich fast ausschließlich aus einer Schreib- und Lesehaltung der Zitation konstituieren. Mit Hypertext ist eine Textsorte gemeint, die Zitationen als Links liest und somit (vergleichbar mit dem Internet) intertextuelle Referenzen herstellt, die den Text als unbegrenzte intertextuelle Vernetzung behauptet. Die Materialien aus dem vorhandenen Lektürevorrat und dem vorhandenen Weltwissen des Autors und des Lesers werden dazu regelrecht geplündert. Ein Text wie *Die Hamletmaschine* läßt sich nur unter dieser Voraussetzung adäquat lesen. (Müllers Materialbegriff wurde beispielsweise von Frank Hörnigk als Leitfaden des von ihm herausgegebenen Bändchens *Heiner Müller Material* herangezogen.)

übernimmt, den Verlauf der Geschehnisse wie beim Abpausen einer Vorlage akribisch genau nachzeichnet. Große Textpassagen aus Protokollen, Gutachten und Berichten sind somit in die *literarische* Geschichte eingegangen.

Zum anderen schafft Büchner mit *seinem* Lenz einen Charakter, einen Wahrnehmungsraum, ein Weltbild, deren Thematisierung das moderne Individuum mit seinen beiden Polen der Orientierung und den daraus folgenden Ängsten, Wünschen, Zweifeln und Auswegslosigkeiten in die literarische Auseinandersetzung der deutschen Literaturgeschichte erst einführt. Büchner baut aus den dokumentarischen Bausteinen und der Plastizität der Innenperspektive seines Schreibens einen Charaktertyp, der sich durch eine völlig neuartige Positionierung zwischen Wirklichkeit und Schein auszeichnet. Jene Verrückung des Ich innerhalb der Koordinaten von Realität und Fiktion soll im zweiten Teil meiner Auseinandersetzung mit *Lenz* angedeutet werden.

II. Unterschiedliche Wirklichkeitsmodi in Lenzens Wahrnehmung

Landschaft

„Für den von seinen taumelhaften Stimmungsumschlägen überwältigten Lenz wird Außenwelt zum Resonanzraum der Seele; seine Blicke nach außen tragen die rauschhaften Züge seiner Innenwelt."[23] Der hier von Peter André Bloch angesprochene Zusammenhang zwischen Charakterbild/Seele und Außenwahrnehmung/Umwelt ist ein Strukturmerkmal des gesamten Textes, die Inversion von Innen und Außen, abgebildet auf der Projektionsfläche des Ich bzw. von Lenz, ist sein Grundmotiv.

---

[23]Peter André Bloch, S.241

Das Verhältnis zwischen innerer Befindlichkeit und Wahrnehmung der Außenwelt wird besonders anhand der Wahl der Erzählperspektive[24] deutlich. An der Oberfläche hat Büchner den Text durchgängig in personaler Erzählperspektive gehalten. Der innere Monolog der personalen Erzählperspektive liefert das adäquate stilistische Mittel zur Thematisierung von Lenzens Innenwelt, er ist das Medium für die *rauschhaften Züge seiner Innenwelt.*[25] In Analogie zum *verbalen* inneren Monolog des personalen Erzählens führt Lenz einen *visuellen inneren Monolog* (der von jenen Wechseln der Innenperspektive gestaltet ist). Im Text wechseln Lenzens innere Erzählperspektiven permanent. Diese Turbulenzen in Lenzens Perspektive, der zurückgelegte Weg der Veränderung seiner inneren Erzählsituation - dargestellt im inneren Monolog des Geschehens - ist das zentrale Thema der Novelle.

Lenzens Beobachtung seiner Umgebung zeichnet sich durch eine sehr eigenwillige Sicht auf die ihn umgebenden Gegenstände aus. Büchner stellt uns weniger eine Person vor, welche die Reize der Außenwelt *auf*nimmt/*wahr*nimmt, die der Gegenstände seiner Umwelt gewahr wird, als vielmehr einen Lenz, der fortwährend die Landschaft *interpretiert*. Seine Wahrnehmung ist kein Bewahren, sondern ein Eingreifen, Umgestalten bis hin zum Gewalt antun. Diese Interpretation der Umwelt schreibt sich unmittelbar in seine Wahrnehmung ein. Sie ist seine Wahrnehmung. Lenz *blickt* sich *seine* Landschaft.

Peter André Bloch beschreibt diesen Zusammenhang folgendermaßen: „Auf die objektiv vorgegebene und in sich räumlich dargestellte Naturlandschaft überlagert sich - alles magisch verändernd - die Bilderwelt der inneren Wirklichkeiten."[26]

Penetranz der Wirklichkeit

Der folgende Textbeleg ist in doppelter Hinsicht beispielhaft. Zum einen ist die Textkohärenz sehr eigenwillig und erinnert in ihren semantischen Beziehungen an Lyrik. (Es handelt sich bei dem Beispiel um einen Teil *eines* Satzes.) Zum anderen enthält das Zitat einige literarische Mittel, welche repräsentativ für den gesamten

---

[24] *Erzählperspektive* ist hier sowohl im Sinne des literaturwissenschaftlichen Terminus' in bezug auf den Oberflächentext als auch im Sinne der Perspektive von Lenzens innerem Erzählen gemeint.
[25] nach Bloch
[26] Peter André Bloch, S.238

Text sind, und auf die anschließend kurz einzugehen sein wird.[27] Weiterhin zeigt das Zitat sehr eindrücklich Lenzens audiovisuellen Austausch mit der Landschaft.

> Nur manchmal, wenn der Sturm das Gewölk in die Täler warf, und es den Wald herauf dampfte, und die Stimmen an den Felsen wach wurden, bald wie fern verhallende Donner, und dann gewaltig heran brausten, in Tönen, als wollten sie in ihrem wilden Jubel die Erde besingen, und die Wolken wie wilde wiehernde Rosse heransprengten, und der Sonnenschein dazwischen durchging und kam und sein blitzendes Schwert an den Schneeflächen zog, so daß ein helles, blendendes Licht über die Gipfel in die Täler schnitt; oder wenn der Sturm das Gewölk abwärts trieb und einen lichtblauen See hineinriß, und dann der Wind verhallte und tief unten aus den Schluchten, aus den Wipfeln der Tannen wie ein Wiegenlied und Glockengeläute heraufsummte, und am tiefen Blau ein leises Rot hinaufklomm, und kleine Wölkchen auf silbernen Flügeln durchzogen und alle Berggipfel scharf und fest, weit über das Land hin glänzten und blitzten, riß es ihm in der Brust ...[28]

Folgende Merkmale lassen sich nachweisen: (1.) Anthropomorphisierung der Landschaft - Büchner versieht die Landschaft mit menschlichen Eigenschaften (siehe HsM: kursiv hervorgehoben). (2.) auditive Sprache der Landschaft - er lädt das Bild, das sehr malerisch formuliert wird, mit akustischen Reizen auf (siehe HsM: fett gedruckt). (3.) Vitalisierung der Landschaft, Sprache der Bewegung/Explosivität - in seinen Landschaftsbeschreibungen verwendet Büchner sehr impulsive lebendige Metaphern (siehe HsM: unterstrichen).

Die drei Punkte sollen nur zeigen, in welche Richtungen der Text befragt werden kann. Es ist hier leider nicht der Raum gegeben, auf diese Aspekte ausführlicher einzugehen. Daß es sich bei den genannten Merkmalen jedoch um jeweils ergiebige Forschungsfelder handelt, sollen die folgenden drei kurzen Zitate andeuten. Sie sind den von mir genannten drei literarischen Mitteln untergeordnet und zeigen deutlich deren Weiterentwicklung.

In Korrespondenz zur Anthropomorphisierung der Landschaft und der Gegenstände zieht sich eine starke *Licht- und Schattenmetaphorik* durch den gesamten Text. Die jeweiligen Lichtverhältnisse werden ebenso anthropomorphisiert. In dem folgenden Beispiel wird die *Finsternis* mit dem Prädikat *verschlingen* versehen. Licht und Finsternis schaffen eine unmittelbare Verbindung zu Lenzens Empfindungshaushalt - zu seinen Ängsten, Wünschen und Träumen. Da sie verlebendigt werden,

---
[27] Siehe Anhang, S.41, *Hervorhebung sprachlicher Mittel anhand von Textbeispielen*, im Folgenden HsM abgekürzt.
[28] Georg Büchner, S.137

werden sie in Lenzens visuellem inneren Monolog zu Bestandteilen seiner Lebenswirklichkeit, quasi Bestandteile seiner selbst.

(Ein Interpretament der Licht- und Schattenmetaphorik besteht darin, die verlebendigte Finsternis oder das verlebendigte Licht als binären Code einer Symbolik für die Aufklärung innerhalb von Lenzens Persönlichkeitsbild zu lesen.)

> ... das Licht war erloschen, die Finsternis verschlang Alles; eine unnennbare Angst erfaßte ihn, er sprang auf, er lief durchs Zimmer, die Treppe hinunter, vor's Haus; aber umsonst, Alles finster, nichts, er war sich selbst ein Traum ...[29]

Die auditive Sprache ist nicht nur ein künstlerisches Mittel der Landschaftsbeschreibung. Den Wortfeldern *laut* und *leise* können metaphorische Bedeutungen (im Sinne eines Motivs) zugewiesen werden. Das Hören hat bei Büchner eine ganz eigentümliche Semantik (besonders auffällig bei Woyzeck[30]). Das Schweigen, die Stimmen, die Stille ziehen sich als Topoi durch Büchners Werk. Sie eröffnen größere Bedeutungsfelder, kommen in unterschiedlichen Konfigurationen vor und weisen oft paradoxe Strukturen auf, die sich auf andere Motivbereiche übertragen lassen.

> Hören Sie denn nichts, hören Sie denn nicht die entsetzliche Stimme, die um den ganzen Horizont schreit, und die man gewöhnlich die Stille heißt ...[31]

Mit dem Hinweis auf eine stark visualisierte Sprache und den sensiblen Hörsinn ist das Wahrnehmungskompendium von Büchners Protagonisten noch nicht hinreichend abgesteckt. Verzerrungen von Wahrnehmungsmustern werden auch mittels des taktilen Sinns beschrieben. Es sei nur daran erinnert, wie oft Woyzeck oder Lenz kalt und heiß wird. In diesen Zusammenhang gehört auch Lenzens Empfindung von der ungeheuren Schwere der Luft[32].

---

[29] ebd., S.139
[30] In der Zweiten Entwurfsstufe heißt es: „WOYZECK. Hörst du's Andres? Hörst du's es geht! neben uns, unter uns. Fort, die Erd schwankt unter unsern Sohln. [...] Bist du ei Maulwurf, sind dei Ohr voll Sand? Hörst du das fürchterliche Getös am Himmel, Über d. Stadt, Alles Glut! Sieh nicht hinter dich. Wie es hinauffliegt, und Alles darunter (stürzt). [...] Still, ganz still, wie der Tod.", ebd., S.209
[31] ebd., S.157
[32] „Den 8. Morgens blieb er im Bette, Oberlin ging hinauf; er lag fast nackt auf dem Bette und war heftig. Oberlin wollte ihn zudecken, er klagte aber sehr, wie schwer Alles sei, so schwer, er glaube gar nicht, daß er gehen könne, jetzt endlich empfände er die ungeheure Schwere der Luft." ebd., S.157

Die angesprochene metaphorische Vitalisierung (der dritte Aspekt der Landschaftsbeschreibung) geht deutlich über den Motivbereich Landschaftsbeschreibung hinaus. Dieses sprachliche Mittel wird auch auf andere Motive angewendet. Büchner versieht sowohl konkrete Phänomene (Gegenstände der empirischen Außenwelt) als auch Abstrakta und Phantasmen (Vorstellungen einer gedanklichen Innenwelt) mit Attributen der Explosivität, der Bewegung und der Lebendigkeit. Das typisch Büchnersche Motiv des Wahnsinns sei hier beispielhaft.

... als jage der Wahnsinn auf Rossen hinter ihm.[33]

Anhand der Punkte Anthropomorphisierung, auditive Sprache und Vitalisierung wurde *ein* Wirklichkeitsmodus des Textes dargestellt. Ich bezeichne ihn hier als *Penetranz der Wirklichkeit.*[34] Dieser Wirklichkeitssteigerung wird spiegelbildlich ein weiterer Modus - der Wirklichkeitsverlust - entgegengestellt. Er sei hier als *Wirklichkeitsvakuum* bezeichnet. Beide Zustände sind für Lenz gleichermaßen unerträglich und stehen im Widerspruch zueinander. Sie verdeutlichen die für die literarische Moderne paradigmatische Konfiguration: das Paradox.

Einverleibung: Ich-Wirklichkeit/Wirklichkeit-Ich

Büchner schaltet zwischen Bedrängnis und Leere eine vermittelnde Instanz. Nach der Wirklichkeitspenetranz und vor dem Wirklichkeitsvakuum kommt es zu einem regen Austausch zwischen Lenz und Landschaft, quasi zu einer Entladung der angestauten Evidenz.

In der Narration des Textes kann dieser Zusammenhang folgendermaßen nachgezeichnet werden. Lenz schafft in seiner Wahrnehmung eine überlebendige, ihn förmlich anspringende Landschaft. Die Präsenz seiner Umgebung schwillt rauschhaft an. Die in ihr befindlichen Gegenstände bemächtigen sich seiner. Lenz befindet sich in einer omnipotenten Landschaft. Die Wirklichkeitssteigerung erreicht ihren Höhepunkt.

---

[33] ebd., S.138
[34] Es sei in diesem Zusammenhang auch an all die Stellen erinnert, in denen Lenz an die Sterne, an den Himmel *stößt* bzw. ihm die Landschaft *so eng* wird.

An diesen Zustand anschließend, vollzieht sich zwischen ihm und seiner Umgebung eine *wechselseitige Einverleibung*. Zuerst ist Lenz derjenige, der die Landschaft aufsaugt. Lenz meint die Landschaft in ihrer Gesamtheit aufnehmen zu müssen. Er tut dies mit Augen, Ohren und Mund. Anhand dieser Situation wird der für Lenz so typische Okkupationsgestus deutlich. (Weiterhin eignen sich jene Textstellen auch sehr gut, einen sexuell motivierten Subtext zwischen Hingabe und Bemächtigung nachzuzeichnen.)

Dieser Verschmelzung von Ich und Welt folgt der schmerzhafte Verlust an Wirklichkeit. Die Einverleibung zwischen ihm und der Welt kehrt sich um. Er verliert sich in einer sich ins Unendliche ausdehnenden Welt. Die klaustrophobische Weltdeutung weicht, nach einem bedrohlichen Kontakt mit der Welt, der Phobie gegenüber einer sich verflüchtigenden Welt. Lenz befindet sich nun in einem Zustand des Ausgeliefertseins, der Hingabe der sich *ausdehnenden Landschaft* gegenüber. Die Leere einer sich verflüchtigenden Wirklichkeit bemächtigt sich seiner. Lenz überläßt sich schließlich seiner Umgebung und entfernt sich von der unmittelbaren detaillierten Wahrnehmung. Er verliert den Boden unter den Füßen, flüchtet vor der konkreten Erde/aus der Welt.

Die überwirkliche ihn bedrängende Evidenz verschwimmt nun als unwirkliches sich verflüchtigendes Schattenbild - als Traum. Das Landschaftserlebnis Lenzens kann demnach wie folgt skizziert werden: (1.) Wirklichkeitssteigerung der Landschaft, (2.) Verschmelzung von Ich (Lenz) und Landschaft, (3.) Wirklichkeitsverlust der Landschaft.

Der oben zitierte Satz geht folgendermaßen weiter:

> ... er stand, keuchend, den Leib vorwärts gebogen, Augen und Mund weit offen, er meinte, er müsse den Sturm in sich ziehen, Alles in sich fassen, er dehnte sich aus und lag über der Erde, er wühlte sich in das All hinein, es war eine Lust, die ihm wehe tat; oder er stand still und legte das Haupt in's Moos und schloß die Augen halb, und dann zog es weit von ihm, die Erde wich unter ihm, sie wurde klein wie ein wandelnder Stern und tauchte sich in einen brausenden Strom, der seine klare Flut unter ihm zog. Aber es waren nur Augenblicke, und dann erhob er sich nüchtern, fest, ruhig als wäre ein Schattenspiel vor ihm vorübergezogen, er wußte von nichts mehr. [siehe HsM][35]

---

[35] Georg Büchner, S.137 f.

Wirklichkeitsvakuum

In dem folgenden Beispiel wird die Angst vor einem Verschwinden der Wirklichkeit noch eindringlicher beschrieben. Lenz will der Wirklichkeit nachlaufen, die vor ihm flüchtet. Er greift nach ihr. Er will sich an ihr festhalten. Er sucht sie, um sie deutlich zu spüren - ohne Erfolg. Übrig bleiben Schatten, Blindheit, Traum, Starrheit - Handlungsohnmacht. Der klaustrophobische Lenz verwandelt sich in einen agrophobischen Lenz und die Welt in stetige Dispersion. Lenz ist in seiner von ihm *unwirklich geschauten* Welt völlig hilflos.

Für den *Woyzeck* beschreibt Peter Michelsen das Verschwinden der Wirklichkeit folgendermaßen: „Alle Dinge - vereinzelt, unverbunden - treiben, für sich seiend, ziellos umher; sie tauchen im 'Woyzeck' nur aus der Imagination auf, wie Wirklichkeitsfragmente aus dem Nebel."[36]

> Aber nur so lange das Licht im Tale lag, war es ihm erträglich; gegen Abend befiel ihn eine sonderbare Angst, er hätte der Sonne nachlaufen mögen; wie die Gegenstände nach und nach schattiger wurden, kam ihm Alles so traumartig, so zuwider vor, es kam ihm die Angst an wie Kindern, die im Dunkeln schlafen; es war ihm als sei er blind; jetzt wuchs sie, der Alp des Wahnsinns setzte sich zu seinen Füßen, der rettungslose Gedanke, als sei Alles nur sein Traum, öffnete sich vor ihm, er klammerte sich an alle Gegenstände, Gestalten zogen rasch an ihm vorbei, er drängte sich an sie, es waren Schatten, das Leben wich aus ihm und seine Glieder waren ganz starr. [siehe HsM][37]

Die motivische Figuration *Wirklichkeitssteigerung - Bindeglied - Wirklichkeitsverlust* ist eine immer wiederkehrende Struktur im *Lenz*. Die Schnittstelle zwischen Überwirklichkeit und Unwirklichkeit wird jedoch unterschiedlich besetzt. Ein rauschhaftes *Natur*erlebnis, die Hoffnung auf *Gott*, die *Kunst* als *lebendiges Ereignis*[38] oder die Enttäuschung über den *ungeheuren Riß*[39] in der Welt, die *Langeweile* oder das *Nichts*[40] sind vermittelnde Zustände der beiden Wirklichkeitsmodi.

---

[36]Peter Michelsen, S.304
[37]Georg Büchner, S.140
[38]nach Mark W. Roche, S.139
[39]siehe auch *Dantons Tod*: „warum leide ich? Das ist der Fels des Atheismus. Das leiseste Zucken des Schmerzes und rege es sich nur in einem Atom, macht einen Riß in der Schöpfung von oben bis unten." ebd., S.107
[40]ebd., S.155; Die Substantivierung und die kursive Hervorhebung des Synsemantikons *Nichts* thematisieren *das* Nichts als ein Gegenüber, eine Entität. Verlust ist hier nicht nur ein Fehlen/ein Mangel sondern ein Etwas. An die Stelle einer Wirklichkeit rückt das Nichts. Das *Nichts* muß hier also auch als ein Wirklichkeitsmodus genannt werden.

An dieser Stelle soll vorrangig der Frage nach dem Verhältnis zwischen Gott und Wirklichkeit nachgegangen werden.

Gott=Wirklichkeit

Peter Michelsen beschreibt die Gebirgswanderung zu Beginn der Novelle als ungelösten Widerspruch zwischen *pantheistischer Vereinigung von Seele und Welt* und der *Erfahrung der totalen Vereinzelung des Ich*[41] (Verschmelzung von Ich und Landschaft versus Separierung des Ich gegenüber der Landschaft).

Der Pantheismus - die Durchdringung von Gott, Natur und Ich - liegt als Idee/Prinzip dem Text zugrunde. Sowohl für den historischen Lenz als auch für Büchners Lenz ist der Pantheismus ein Merkmal, das sich in allen Charakteristika seiner Person wiederfindet - das Lenz quasi ausmacht. Die Konstituenten, die Mitspieler des Pantheismus - Gott, Natur, Ich - sind jedoch flexible Größen und gestalten somit das, was hier unter Pantheismus verstanden werden soll, immer wieder neu.

In den 70er Jahren des 18. Jahrhunderts gilt Jakob Michael Reinhold Lenz neben Goethe als der bedeutendste Dramatiker.[42] Zusammenhänge zwischen Goethe und Lenz wurden bereits erwähnt. Die Bekanntschaft mit Lenz hinterließ auch bei Goethe ihre Spuren. 1774 schreibt Goethe seinen *Werther*. Mit dem *Werther* schafft Goethe vielleicht seinen eindringlichsten Prosa-Entwurf eines pantheistischen Weltbildes. In unserem Zusammenhang sind vor allen Dingen die Beschreibungen der Landschaft und Werthers Umgebung im Dorf von Bedeutung. Einige Charakteristika Werthers sind nachweislich auf die Bekanntschaft Goethes mit Lenz zurückzuführen. Goethe selbst äußert sich zu dem Verhältnis zwischen *Werther* und dem historischen Lenz in *Dichtung und Wahrheit*.[43]

---

[41] siehe Peter Michelsen, S.295

[42] nach *dtv-Atlas zur deutschen Literatur*, Schlosser (Hrsg.), S.155

[43] „[...] tat sich Lenz am lebhaftesten und gar sonderbar hervor. [...] Zu einem solchen Abarbeiten in der Selbstbeobachtung berechtigte jedoch die aufwachende empirische Psychologie, die nicht gerade alles, was uns innerlich beunruhigt, für bös und verwerflich erklären wollte, aber doch auch nicht alles billigen konnte; und so war ein ewiger nie beizulegender Streit erregt. Diesen zu führen und zu unterhalten, übertraf nun Lenz alle übrigen Un- oder Halbbeschäftigten, welche ihr Inneres untergruben, und so litt er im Allgemeinen von der Zeitgesinnung, welche durch die Schilderung Werther's abgeschlossen sein sollte; aber ein individueller Zuschnitt unterschied ihn von allen übrigen, die man durchaus für offene redliche Seelen anerkennen mußte." Johann Wolfgang von Goethe, *Werke*, Bd.10, S.7 f.

Büchner wiederum hat *seinen Lenz* Goethes *Werther* nachempfunden. (Die Verwandtschaft zwischen Goethes *Werther* und Büchners *Lenz* ist ein in der Literaturwissenschaft häufig thematisierter Forschungsgegenstand.) Somit setzt sich das Weltbild des literarischen Lenz aus einer komplizierten Vernetzung aus authentischer und literarischer Überlieferung zusammen. Die Stoffgenese, die sich in *Lenz* abbildet, ist aus Historie (authentischer Geschichte) und aus Motiv-/Ideengeschichte (literarischen Geschichten) zusammengefügt. Der *Lenz* ist das Ergebnis eines Prozesses des Ineinandergreifens von Geschichte und Geschichten. D.h. wir müssen in dem Text einen vielschichtigen Pantheismus, der sowohl historisch belegt als auch literaturgeschichtlich tradiert ist, voraussetzen.

In *Büchners Pantheismus* ist *Goethes Pantheismus* mit eingeschrieben. In der Form des Zitates (nicht im Sinne eines wörtlichen Zitats, eher in Analogie zum Bildzitat) ist der Pantheismus des späten 18. Jahrhunderts im gesamten Text anwesend (vor allem durch die Referenz zum historischen Lenz, aber auch durch die deutlichen Einflüsse Goethes). Im *Werther*-Zitat konserviert, wird das Hoffnungspotential von Goethes pantheistischer Utopie immer wieder aufgerufen, jedoch im Verlauf der Geschehnisse ad absurdum geführt. Das Pantheismusthema wird von Büchner aufgegriffen und bis zu dessen Infragestellung weiter entwickelt.

Lenzens Weltwahrnehmung (in bezug auf die Pantheismusproblematik) geht weit und konsequent über Werthers Denk- und Sichtweise hinaus. Seine *Fragen* an Gott und die Welt fußen auf Werthers *Antworten* und dessen pantheistischen Grundsätzen. Somit kann, analog zu Lenzens Erlebnissen mit der Wirklichkeit/Natur, in Lenz auch die letzte pantheistische Frage reifen, welche die Überwindung des Pantheismus konsequent nach sich zieht. Als notwendige Folge der Erfahrung einer kontinuierlichen Wirklichkeitssteigerung, einer orgiastischen Wirklichkeitsbegegnung und eines schmerzhaften Wirklichkeitsverlusts stellt sich - nach all den pantheistischen Fragen nach der Existenz*form* Gottes - was ist Gott?, wie offenbart sich Gott?, wo ist Gott? - nun die Frage nach der *Berechtigung* seiner Existenz: gibt es Gott?

So wie sich Lenz die *Natur* zeigt, so offenbart sich ihm auch *Gott*. Sowohl die Omnipotenz der Landschaft - *Penetranz der Wirklichkeit* - als auch die Separierung von seiner Umgebung - *Wirklichkeitsvakuum* - sind übertragbar auf Lenzens Verhältnis zu Gott.

Atheismus

Gottesvereinigung

Die erste deutliche Erfahrung, die Lenz mit Gott und Kirche in Büchners Text macht, ergibt sich während und kurz nach seiner Predigt. Büchner schildert eine Gottes*begegnung*. Das Aufeinandertreffen von Lenz und Gott wird in einer körperlichen Metaphorik beschrieben und ist in seiner körperlichen Intensität kaum steigerbar. In Analogie zur Penetranz der Wirklichkeit könnte man von einer *Penetranz Gottes* sprechen.

Peter Michelsen bezeichnet jene Gottesoffenbarung, die mit Lust an Schmerz und Leid sonderbar verwoben ist, als *Leidens-Begehrlichkeit* und *Halluzination einer erotischen Gottesvereinigung*.[44]

Nachdem die letzte Zeile des Kirchengesanges „Leiden sei mein Gottesdienst"[45] im Anschluß an Lenzens Predigt verhallt ist, geschieht folgendes:

> Das Drängen in ihm, die Musik, der Schmerz, erschütterte ihn. Das All war für ihn in Wunden; er fühlte tiefen unnennbaren Schmerz davon. Jetzt, ein anderes Sein, göttliche, zuckende Lippen bückten sich über ihm aus, und sogen sich an seine Lippen; er ging auf sein einsames Zimmer. Er war allein, allein! Da rauschte die Quelle, Ströme brachen aus seinen Augen, er krümmte sich in sich, es zuckten seine Glieder, es war ihm als müsse er sich auflösen, er konnte kein Ende finden der Wollust; [siehe HsM, Motive: Penetranz Gottes, verschiedene Wirklichkeiten, Selbstauflösung][46]

Doch schon bald nach Lenzens erfolgreicher Predigt, nach jener freudig-schmerzhaften Gottesoffenbarung, die Lenz als Erfüllung, als Befriedigung erlebte, unterliegt er seinen *religiösen Quälereien*[47]. Sein Gottesglaube findet kein Referenzobjekt, auf das er sich richten kann. Seine Gebete und Fragen an Gott bleiben unbeantwortet. Lenz wünscht sich einen Gott, so wie er sich seine Landschaft/Wirklichkeit imaginiert hatte. Dieser Wunsch jedoch verliert sich in der Leere, er harrt seiner Erfüllung.

---

[44]Peter Michelsen, S.298
[45]Georg Büchner, S.142
[46]ebd., S.142
[47]ebd., S.150

Lenzens schmerzhafter Glaube, der keine Erfüllung findet, der von Zweifeln gemartert wird, drückt sich abermals in einer körperlichen Verweigerung aus. Lenz fastet einen Tag, und das Motiv des Todes wird bewußt überakzentuiert.

Doch noch gibt Lenz seinen Gott nicht auf. „Lenz ist der verzweifelte Idealist, der sowohl Glauben als auch Vernunft verloren hat, jedoch weiter nach Gott und Bedeutung sucht."[48]

> Unterdessen ging es fort mit seinen religiösen Quälereien. Je leerer, je kälter, je sterbender er sich innerlich fühlte, desto mehr drängte es in ihn, eine Glut in sich zu wecken, es kamen ihm Erinnerungen an die Zeiten, wo Alles in ihm sich drängte, wo er unter all' seinen Empfindungen keuchte; und jetzt so tot. Er verzweifelte an sich selbst, dann warf er sich nieder, er rang die Hände, er rührte Alles in sich auf; aber tot! tot! Dann flehte er, Gott möge ein Zeichen an ihm tun, dann wühlte er in sich, fastete, lag träumend am Boden. [siehe HsM: metaphorische Vitalisierung, Metapher des Todes, Bilder der Leere][49]

Jenes Zeichen, das er von Gott erwartet, erhofft er sich von der Wiederbelebung des Kindes in Fouday. Abermals haben wir es mit einer *Transformation Gottes* zu tun. Das Pantheismusmotiv (herkömmlich mit Chiffren von Landschaft oder pflanzlicher und tierischer Natur bebildert) wird jedoch diesmal in die Physiologie des menschlichen Körpers verlagert. Mit dieser Akzentverschiebung werden sowohl biologistische Fragestellungen der damals modernen Medizin, die Büchner vertraut waren, als auch die christlichen Wiedererweckungs- und Genesungsvorstellungen des Neuen Testaments aufgerufen. In Analogie zur Anthropomorphisierung der Landschaft sei hier eine *Anthropomorphisierung Gottes* behauptet.

Das metaphysische Prinzip Gott hat in dem pantheistischen Weltbild, das der Text erstellt, die Möglichkeit, sich in der Natur und in einem menschlichen Körper zu offenbaren. Gott zeigt sich in der Gesamtheit der Lebenswirklichkeit. Die *Fiktion Gott* soll also durch die *Realität Leben* eingelöst/bewiesen werden. Typisch für Büchners Gottesbeweise ist: sie schlagen fehl. Das Mädchen bleibt tot. Lenz vermag nicht, es zu beleben. Gott ist/bleibt fern und stumm. Er ist unbewiesen.

Wenn wir die These der Transformation Gottes in den Leib des Kindes voraussetzen, lautet die Schlußfolgerung: Gott ist, Gott bleibt tot - eine Formulierung, die in der zweiten Hälfte des 19. Jahrhunderts Hochkonjunktur haben wird.[50]

---

[48]Mark W. Roche, S.142
[49]Georg Büchner, S.150
[50]In Friedrich Nietzsches Kampfschrift gegen das monotheistische Weltbild *Also sprach Zarathustra* heißt es: „Also sprach der Teufel einst zu mir: 'auch Gott hat seine Hölle: das ist seine Liebe zu

Gottesvernichtung und Schuld

Da Lenz das Mädchen nicht aufwecken kann, fühlt er sich für dessen Tod auch verantwortlich. Er verzweifelt an seinem Unvermögen und hält sich für schuldig. Lenz läßt sich folgerichtig in Fouday als *Mörder* festnehmen.[51] Da der Leichnam des Mädchens aber in der Logik des Textes als Inkarnation Gottes fungiert, begeht Lenz eine Mordtat an einer fiktionalen Gestalt. Lenz macht sich nicht des Mordes gegenüber einem Menschen - Bereich der Wirklichkeitsebene - schuldig (deshalb wird er auch sofort frei gelassen), sondern er beseitigt Gott - Bereich der Transzendenz - (deshalb beschuldigt er sich auch: *er sei das ewig Verdammte, der Satan*[52]).

Eine Sünde - in der irdischen Welt begangen - kann gesühnt werden. Die Instanz Gottes - aus der überirdischen Welt - vergibt dem Menschen seine Schuld (oder juridische Mechanismen des Abbüßens von Schuld erlösen ihn von ihr). Das Vergehen *an* der Instanz Gottes jedoch entzieht sich allen Bestrafungsmächten und allen Möglichkeiten der Erlösung von Schuld. Die *Sünde der Beseitigung Gottes* - der Atheismus - läßt den Schuldigen einsam zurück. Es gibt keine Möglichkeit der Wiederherstellung jenes Prinzips, daß ein Gott Lenz seine Leiden abnimmt, ihm seine Schuld vergilt, ihm Erlösung verschafft, daß Jesus mit der Leidensübernahme der Erbsünde und aller ihrer Folgen für ihn *stellvertretend* leidet.

Zusammenfassend läßt sich zum Motiv der Schuld folgendes sagen: Lenzens Schuldgefühl ist bis zu den letzten Sätzen des Textes überall präsent. Seine Schuld richtet sich sowohl auf irdische Zusammenhänge als auch auf überirdische Ideen.[53]

---

den Menschen.' Und jüngst hörte ich ihn dies Wort sagen:' Gott ist tot; an seinem Mitleiden mit den Menschen ist Gott gestorben.'" S.73
[51]siehe Georg Büchner, S.154
[52]ebd., S.156
[53]Das Strukturprinzip der direkten Korrespondenz zwischen Realität und Metaphysik kann auch in ein Verhältnis zwischen Wirklichkeit und Interpretation bzw. zwischen Zeichen und Bedeutung übersetzt werden (*Gott möge ein Zeichen an ihm tun*, ebd., S.150). Der konkreten Handlungsebene ist synchron ein bedeutungsgeladener metaphorischer/metaphysischer Subtext eingeschrieben, und parallel zur bedeutenden metaphorischen/metaphysischen Motivik läuft eine Konkretisation in der Wirklichkeit mit (Begebenheiten in Waldersbach). Sowohl der Wert von Büchners Text als auch die Problematik einer adäquaten Interpretierbarkeit ergibt sich aus dem Oszillieren zwischen Wirklichkeit und Interpretation, zwischen Zeichen des Textes/der realen Handlungsebene und deren innewohnender Bedeutung - auch zwischen Realität und Wahn - als zwei Erzählebenen. Ein gutes Beispiel für den Zusammenhang zwischen metaphysischer Bedeutungsebene und konkreter Bedeutungsebene ist, daß die Schuld an dem Mord an jenem Etwas, für das das tote Mädchen steht (das sich durch Sakralisierung aus dem Raum der konkreten literarischen Figuren heraushebt), noch einmal mit dem Schuldbewußtsein gegenüber konkreten Personen aus Lenzens Lebenswirklichkeit

Das Motiv der Schuld in seinem wechselseitigen Bezug auf verschiedene Wirklichkeiten wird von Büchner als pathogenes Moment des Ich, als pathogenes Moment von Lenz behauptet.

Ringen mit Gott

Ein durchgestrichenes Zitat Georg Büchners lautet: „Gott weg Alles weg"[54]. Dieses Zitat, das Büchner seinem Woyzeck gab und gleich wieder weg nahm, ist charakteristisch für ein Ringen um Gott und gegen Gott, das sich auch bei Lenz findet. Innerhalb eines durch pantheistische Weltwahrnehmung geschulten Denkens zieht eine Gottesverneinung eine universale Verneinung der Wirklichkeit nach sich. Ein Gottesverlust ist immer gleichzeitig ein Wirklichkeitsverlust und umgekehrt.

Die Metapher des Felsens (deren Semantik den Sprachbenutzer geradezu auf die Empirie stößt) steht für die Unverrückbarkeit von Wahrheiten. Dem Gott als *Fels der Gläubigen* - aus dem Neuen Testament - stellt Büchner den *Fels des Atheismus*[55] - aus *Dantons Tod* - entgegen (man beachte die Landschaftsmetaphorik, die sich so gut in Lenzens Gebirge integrieren ließe). Der Schmerz, das leibliche Gefühl - in dem o.g. Zitat durch den Fels metaphorisiert - empört sich gegenüber der Idee, der Fiktion, gegenüber Gott.

Aber keineswegs benutzt Büchner nur statische Metaphern für Gott/Atheismus und Wirklichkeit/Leere. Im *Lenz* wird das *Ringen* mit Gott sehr wörtlich wiedergegeben. Wieder benutzt Büchner eine überdeutlich körperliche Metaphorik. Gott wird mit der Faust bedroht. Er wird wie Hektor zu Tode geschleift. Lenz speit ihm ins Antlitz. Büchner thematisiert eine *leibhaftige Gottesdemütigung*. Wieder wird Gott also aus der Transzendenz in die Wirklichkeit herunter profanisiert. Er wird verletzbar und sterblich, angreifbar und mit dem Mängeln der irdischen Welt stigmatisiert.

---

gedoppelt ist. Lenz bezichtigt sich parallel zu dem Mord an jenem Phantasma auch, seine leibhaftige Mutter und seine Geliebte getötet zu haben (ebd., S.152, natürlich eröffnen gleichzeitig *Mutter* und *Geliebte* ebenso Bedeutungsfelder, die über die konkreten Figuren hinausgehen). Wie komplex das Verhältnis zwischen Wahn und Wirklichkeit und wie vereinfachend die Unterscheidung von nur zwei Wirklichkeitsebenen sind, zeigt zusätzlich die Tatsache, daß zwar die Mutter und die Geliebte aus der Wirklichkeit stammen, aber Mutter- und Geliebtenmord ebenfalls Lenzens Wahnvorstellungen entspringen.
[54] nach Günter Hartung, S.1110
[55] „Man kann das Böse leugnen, aber nicht den Schmerz; nur der Verstand kann Gott beweisen das Gefühl empört sich dagegen. Merke dir es, Anaxagoras, warum leide ich? Das ist der Fels des Atheismus." Georg Büchner, S.107

Aber nicht nur Gott, sondern auch sein Gegenüber - der Atheismus - wird anthropomorphisiert und mit einer Metaphorik der Hände beschrieben. Nachdem Lenz Gott mit seiner *ungeheuren Faust* überwältigt hat, *greift* der Atheismus nach ihm, er *faßte* ihn *sicher, ruhig* und *fest*. Der Atheismus wird hier nicht nur als ein Mangel an Gott thematisiert. Der Atheismus ist hier als handelndes, Macht ergreifendes, okkupierendes Subjekt metaphorisiert.

> In seiner Brust war ein Triumph-Gesang der Hölle. Der Wind klang wie ein Titanenlied, es war ihm, als könne er eine ungeheure Faust hinauf in den Himmel ballen und Gott herbei reißen und zwischen seinen Wolken schleifen; als könnte er die Welt mit den Zähnen zermalmen und sie dem Schöpfer in's Gesicht speien; er schwur, er lästerte. So kam er auf die Höhe des Gebirges, und das ungewisse Licht dehnte sich hinunter, wo die weißen Steinmassen, und der Himmel war ein dummes blaues Aug, und der Mond stand ganz lächerlich drin, einfältig. Lenz mußte laut lachen, und mit dem Lachen griff der Atheismus in ihn und faßte ihn ganz sicher und ruhig und fest. [siehe HsM: Metaphorik der Hände/leibhaftige Gottesdemütigung, Profanierung der Wirklichkeit, Motiv des Lachens][56]

<u>Die subversive Macht des Lachens</u>

Mit dem Lachen griff der Atheismus in ihn - Peter Michelsen: „[Die] anfängliche prometheische Geste zerfällt schnell vor der Substanzlosigkeit von Himmel und Erde, die ein Lachen der Seinsverachtung auslöst, das mit der Annihilation der Welt auch den Schöpfer erfaßt."[57]

Das Lachen wird im *Lenz* als wirksamer Gegenspieler des Glaubens thematisiert. Es entlarvt die Fiktion *als* Fiktion. Das Ideal wird in Korrespondenz zur Wirklichkeit lächerlich und kann sich nicht mehr behaupten. Die Autorität des Gottvater - des Herrn aller Dinge - verflüchtigt sich in ihrer Lächerlichkeit in bezug auf die Realität (im Falle des Zitates wieder in bezug auf die *Landschaft*), d.h. das Ideal und die Realität stehen in einem wechselseitigen Verhältnis des Auslachens zueinander. Die Realität macht das Ideal lächerlich - die mangelhafte Schöpfung den Schöpfer. Und das Ideal macht die Realität lächerlich - ein in den Bereich der Transzendenz hochsublimiertes Etwas das Ergebnis dieser Erhabenheit.[58]

---

[56] ebd., S.151
[57] Peter Michelsen, S.300
[58] Aus *Dantons Tod* kann folgendes Beispiel für Büchners humoristische Deutung des Verhältnisses zwischen Schöpfer und Schöpfung herangezogen werden: „müssen wir Gott auch dies elende Bedürfnis andichten? Müssen wir, wenn sich unser Geist in das Wesen einer harmonisch in sich

Das Lachen ist eine affektive Körperäußerung. Es umgeht die Bahnen des Korrektivs der Vernunft.[59] Die affektive Behauptung des Ich hat im Moment des Lachens einen höheren Evidenzwert als der Weg über die Reflexion oder die Logik. Das Lachen befällt Lenz und vertreibt Gott. Den Topos *Gott-hinweg-lachen* hat Nietzsche mit seinem *Wahrlacher Zarathustra* einige Jahrzehnte später ausführlich ausformuliert.[60] Durch den Affekt des Aus-Lachens von Gott wird gleichzeitig die *Utopie Gott*, wie auch ein *aufklärerischer* Wirklichkeitsbezug - die *Utopie Aufklärung* - in Frage gestellt, lächerlich gemacht. (Eine sehr eindrucksvolle Illustration der subversiven Macht des Lachens gegen Gott und Autorität - in der Spanne von mittelalterlicher Thematik bis zu einer für die zweite Hälfte des 20. Jahrhunderts so typisch werdenden Haltung - ist z.B. Umberto Ecos *Der Name der Rose*.)

Das zerstörerische Potential des Lachens hat (auch in anderen Texten Büchners) jedoch zwei Seiten. Zum einen hat es ein reinigendes Moment. Das Lachen erfüllt gegenüber Überhebungen, Idealen, Phantasmen, Unverhältnismäßigkeiten (das Groteske ist die Voraussetzung für Komik) die Funktion eines affektiven Korrektivs. Damit bildet es die Möglichkeit, die Prämissen eines Weltbildes (nahezu eruptiv) zu erschüttern und ist somit die Voraussetzung dafür, Unwahrheiten klar sehen zu können. Im *Lenz* befreit sich das Ich von dem Vorurteil, von dem grundlegensten Axiom des damaligen Welt- und Gedankengebäudes, vom Ballast eines jenseitigen Glaubens - vom Joch Gottes. Es ist auf sich zurückgeworfen - frei. Doch das Fehlen von Prämissen - die Freiheit - zieht notwendig eine Orientierungslosigkeit nach sich. Der Weg der Büchnerschen Protagonisten, die sich von einer strafenden, vergeben-

---

ruhenden, ewigen Seligkeit versenkt, gleich annehmen sie müsse die Finger ausstrecken und über Tisch Brodmännchen kneten?" Georg Büchner, S.106. Ein halbes Jahrhundert später liest sich die Schöpfungsgeschichte bei Nietzsche so: „Zu vieles mißriet ihm, diesem Töpfer, der nicht ausgelernt hatte! Daß er aber Rache an seinen Töpfen und Geschöpfen nahm, dafür daß sie ihm schlecht gerieten - das war eine Sünde wider den *guten Geschmack*. Es gibt auch in der Frömmigkeit guten Geschmack: der sprach endlich: 'Fort mit einem *solchen* Gotte! Lieber keinen Gott, lieber auf eigne Faust Schicksal machen, lieber Narr sein, lieber selber Gott sein!'", *Also sprach Zarathustra*, S.212
[59]beispielsweise Kants Bemühungen in: *Die Religion innerhalb der Grenzen der bloßen Vernunft*
[60]Friedrich Nietzsche, aus *Also sprach Zarathustra*: „Welches war hier auf Erden bisher die größte Sünde? War es nicht das Wort dessen, der sprach: 'Wehe denen, die hier lachen!'", S.238. „Diese Krone des Lachenden, diese Rosenkranz-Krone: ich selber setzte mir diese Krone auf, ich selber sprach heilig mein Gelächter. Keinen anderen fand ich heute stark genug dazu. Zarathustra der Tänzer, Zarathustra der Leichte, der mit den Flügeln winkt, ein Flugbereiter, allen Vögeln zuwinkend, bereit und fertig, ein Selig-Leichtfertiger: - Zarathustra der Wahrsager, Zarathustra der Wahrlacher, kein Ungeduldiger, kein Unbedingter, einer, der Sprünge und Seitensprünge liebt; ich selber setzte mir diese Krone auf!", S.239. „Das Lachen sprach ich heilig; ihr höheren Menschen, *lernt* mir - lachen!", S.240

den, die Welt ordnenden Instanz befreit haben, mündet in die Ausweglosigkeit. Sie sind mit der Freiheit - mit einem Weltbild ohne ordnenden Attraktor - überfordert. Die Ausweglosigkeit hat pathologische Auswirkungen. Die Befreiung (auch vom Joch der Vernunft durch eine Relevanzverschiebung zwischen Affekt und Ratio) führt zur kontinuierlichen Zerstörung der Lebensfähigkeit (z.B. bei Woyzeck und Lenz).

Die zweite Seite des Lachens ist bei Büchner die Krankheit, die Ausweglosigkeit - der Wahnsinn.[61] Somit bilden Freiheit und Wahnsinn zwei Seiten der Medaille *Lachen*.

Die unter dem Stichwort *Landschaft* herausgearbeiteten Beziehungen zwischen Wirklichkeitssteigerung und Wirklichkeitsverlust weisen starke Ähnlichkeiten zu den unter dem Stichwort *Atheismus* sich ergebenden Zusammenhängen auf. Die Spanne von der Omnipotenz der Landschaft bis zur totalen Leere deckt sich in vielem mit der Spanne von der Omnipotenz Gottes bis zur Gottesverneinung. Den Berührungspunkt bildet das *Lachen der Seinsverachtung von Welt und Schöpfer*[62].

Im Zusammenhang unseres Themas *Authentizität und Fiktion* fungiert die Wahrnehmung der Landschaft als konkretes Phänomen von Lenzens Weltsicht und die Gotteswahrnehmung als fiktionale Komponente seines Weltbildes. Oder anders gesagt, im Zusammenhang von Landschaftsbeschreibung und Thematisierung Gottes korrespondieren eine konkrete Motivebene und eine metaphysische Motivebene des Textes miteinander.[63]

---

[61]Der Zusammenhang zwischen Psychopathologie und Lachen ist sowohl wissenschaftlich als auch künstlerisch oft reflektiert worden. Das Überhandnehmen des Affekts - Lachen, Weinen ... - im Ausdrucksrepertoire des Menschen gilt als medizinischer und gesellschaftlicher Defekt. Die Psychiatrien sind voller Lachender.
[62]nach Michelsen, o.g. Zitat
[63]Als ein Bestandteil der metaphysischen Motivebene zählt auch die *Kunst* als *Utopie*, als *imaginierte Wirklichkeit*, als *illusorischer Hoffnungsträger* in dem berühmten Kunstgespräch. Georg Büchner, S.144 ff. Ich möchte hier vier Zitate aus dem Kunstgespräch anführen, welche die Möglichkeit nahe legen sollen, das Kunstgespräch im Sinne meiner Thesen lesen zu können. Auf den drei Seiten des Kunstgesprächs finden wir eine Vielzahl der bisherigen Themen meiner Arbeit wieder. Sie sind in Lenzes Lebensweg anders akzentuiert und bilden ein separates Themengebiet. Deshalb sollen sie auch nicht unmittelbar in den Gedankenverlauf der Arbeit mit aufgenommen werden, sondern nur in den Fußnoten Berücksichtigung finden. Das Verhältnis von Wirklichkeit und Ideal im Medium der Kunst ist das zentrale Thema des Gesprächs. Der Künstler wird als der *Imitator Gottes* behauptet.
Sowohl in dem Beispiel der auf dem Stein sitzenden Mädchengruppe als auch in den beiden Bildbeschreibungen Niederländischer Maler setzt Büchner eine *affektive Authentizität* gegen eine

Während auf der konkreten Motivebene ein Wirklichkeitsverlust resümiert werden konnte, steht analog zu dieser Tendenz auf der metaphysischen Bedeutungsebene - nach einer schmerzhaften Suche nach Sinn - ein totaler und zwangsläufiger Sinnverlust am Ende von Büchners Auseinandersetzung mit Lenz. Innerhalb eines pantheistisch motivierten Weltbildes zieht der Gottesverlust eine *Verneinung des Sinns allen Daseins* konsequent nach sich. (Die Frage nach dem Sinn allen Daseins ist auch ein zentrales Thema in *Dantons Tod*.)

Den Sinnverlust - die Erkenntnis der Sinnlosigkeit allen Daseins - bezieht Lenz auch auf sein eigenes *Leben*. Die Bedeutungsfelder, die sich in dem Text um Vitalisierung, Körper, Wiedererweckung des Mädchens aus Fouday etc. bilden, werden von diesem Verlust mit angesprochen und in Frage gestellt. Der Körper, das Leben, das Ich wird in Frage gestellt. Folgende Motivkette kristallisiert sich heraus: der Auflösung der Wirklichkeit folgt die Auflösung Gottes, aus dieser wiederum ergibt sich die *Auflösung des Ich*. Lenz gibt sich selbst auf.

---

idealische Verzerrung der Wirklichkeit. (Ob mit oder ohne Textkenntnis Büchners, decken sich die vertretene Ansicht und das Motiv eindeutig mit Kleists Geschichte des jungen Mannes und der Statue des Jünglings in seinem *Marionettentheater*). *Realismus* und *Natur, Natur* und ihre *Beschreibbarkeit* bilden ebenfalls zwei konstitutive Begriffspaare des Auszugs.
Sowohl die soeben aufgeführten Begriffe als auch die jetzt folgenden Zitate sind nur als Stichpunkte, nicht etwa als kohärente Belege meiner Thesen gemeint. „Die Dichter, von denen man sage, sie geben die Wirklichkeit, hätten auch keine Ahnung davon, doch seien sie immer noch erträglicher, als die, welche die Wirklichkeit verklären wollten. Er sagte: Der liebe Gott hat die Welt wohl gemacht wie sie sein soll, und wir können wohl nicht was Besseres klecksen, unser einziges Bestreben soll sein, ihm ein wenig nachzuschaffen. Ich verlange in allem Leben, Möglichkeit des Daseins, und dann ist's gut; wir haben dann nicht zu fragen, ob es schön, ob es häßlich ist, das Gefühl, daß Was geschaffen sei, Leben habe, stehe über diesen Beiden, und sei das einzige Kriterium in Kunstsachen." Georg Büchner, S.144. „Da wolle man idealistische Gestalten, aber Alles, was ich davon gesehen, sind Holzpuppen. Dieser Idealismus ist die schmählichste Verachtung der menschlichen Natur." ebd., S.144. „Der Dichter und Bildende ist mir der Liebste, der mir die Natur am Wirklichsten gibt." ebd., S.145. „Wenn man so liest, wie die Jünger hinausgingen, es liegt gleich die ganze Natur in den Paar Worten." ebd., S.145.
Zitat Peter Michelsen: „Wenn das, was er [Lenz] vom Künstler verlangt, 'Realismus' genannt werden kann, so postuliert er damit theoretisch ein Weltverhältnis, das er praktisch negiert. Seiner Welt versagt sich gerade die Kategorie des 'Realen'." S.299

Selbstaufgabe

Vom Schöpfer als *Quelle des Leids*[64] zum Sein als Quelle des Leids: „Es kommt mir ein entsetzlicher Gedanke, ich glaube, es gibt Menschen, die unglücklich sind, unheilbar, bloß weil *sie sind*."[65]

Nachdem Lenz den Bezug zu seiner Umgebung eingebüßt hat und seine Sinnsuche gescheitert ist - nachdem sein Natur-Gott bzw. seine Gott-Natur einer Verflüchtigungstendenz anheimgefallen sind - nachdem er auch seine sozialen Bindungen zu seiner Mutter, seiner Geliebten, zu seinem Vater bewußt zerstört weiß, beginnt sich sein Ich-Bezug zu verflüchtigen, aufzulösen.

Die *Lebenswirklichkeit* von Lenz wird immer unwirklicher. Die Referenzobjekte[66] eines überlebensfähigen Persönlichkeitsbildes - seine empirische Umgebung und eine Orientierung an einem Ideal/Sinn/Ziel - sind zerstört. Zurück bleibt Lenz - als ebenso lächerliche Gestalt. Lenz/das Ich/das Sein wird letztendlich vom Text in Frage gestellt.

Im Verlauf der Geschehnisse jener 20 Tage in Waldersbach bei Pfarrer und Familie Oberlin wird Lenz immer mehr zu einer fragwürdigen Figur. Das subversive Moment des Lachens richtet sich auch gegen ihn, indem er zur Posse wird und gleichzeitig unabwendbar tragisches Leid durchlebt. Lenz ist eine tragikomische Figur. Er wird zum *Spiel*ball der Geschehnisse - charakterisiert durch ein wahnwitziges Überreagieren auf äußere Reize. Lenz benimmt sich wie ein bockiges Kind.

---

[64]nach Peter Michelsen, S.301
[65]Lena aus *Leonce und Lena*; Georg Büchner S.179
[66]Das Verhältnis Büchnerscher Gestalten zu ihren Referenzobjekten wird besonders anhand der Theatermetaphorik deutlich. Da den Personen oft der Bezug zur Wirklichkeit (z.B. historische Wirklichkeit in *Dantons Tod*) verloren gegangen ist (Danton kann die historische Wirklichkeit nicht mehr ernst nehmen), finden sie ihre *Daseinsberechtigung im Spiel für ein Publikum*. Das Ich spiegelt sich in der theatralischen Resonanz seines Gegenüber. Es konstituiert seine Identität aus der Referenz zu einer Scheinwelt. Die Welt als *Spiel*, als *Theater*, als *Bühne* ist ein typisch Büchnersches Motiv (das in einer großen Variantenvielfalt von ihm entwickelt wurde). Es kann im Zusammenhang dieser Arbeit als ein weiterer Wirklichkeitsmodus gelten.
Dieses Motiv ist im *Lenz* in einer ganz besonderen Modifikation zu finden. Lenz begeht einen *Selbstmordversuch für's Publikum*. Da aber weder die Bewohner des Hauses, die immer so rege auf seine Brunnenaktivitäten reagierten, noch der liebe Gott zugesehen haben, wird durch die fehlende Referenz des Ich zu seinem Außen die Einsamkeit Lenzens grotesk verdeutlicht. Sogar im Moment der Selbstaufgabe, in der spektakulären *Inszenierung* seiner Vernichtung und Hinwendung zum Tod ist niemand da, der ihn sieht, hört oder versteht. Das Ereignis verliert für Lenz durch die fehlende Referenz seine Bedeutung. *Sein* Theatertod im Gegensatz zu Dantons Inszenierung ist nicht besucht. „er hätte sich zum Fenster heruntergestürzt, weil es aber Niemand gesehen, wollte er es auch Niemand sagen." Georg Büchner, S.153

Goethe schrieb, im Brief an Merck vom 16. September, über den historischen Lenz: „Lenz ist unter uns wie ein krankes Kind, wir wiegen und tänzeln ihn, und geben und lassen ihm vom Spielzeug was er will."[67]

Die Unmöglichkeit, Lenz zu akzeptieren, ihn ernst zu nehmen, ihn als Person zu bejahen, ist im gesamten Figurenensemble des Textes angelegt. Lenzens Mitmenschen verzweifeln an ihm trotz ihrer Mühe, ihres Verständnisses und ihrer Anteilnahme. Doch auch über den Textzusammenhang hinaus wird Lenz als groteske Figur wahrgenommen. Im narrativen Verlauf des Textes werden die Widersprüche Lenzens auch für den Leser immer suspekter. Der Leser gibt Lenz immer mehr auf. Die Konturen des Charakters, die sich zu Beginn des Textes andeuteten, werden bewußt wieder verzeichnet. Komische, tragikomische Züge lassen Lenz mehr und mehr als Narr, als abwegige Gestalt erscheinen. Aber am aussagekräftigsten ist die Tatsache, daß Lenz sich selbst nicht mehr ernst nehmen kann, und gegenüber sich selbst fragwürdig wird. Seine Eigenwahrnehmung verschwimmt zunehmend. Lenz beginnt seinen Leib zu verneinen - vom Fasten bis zum Freitodversuch. Lenzens Wahrnehmung, seine Vorstellungen und Wünsche werden zunehmend chaotischer.

Die Person löst sich auf - nimmt sich immer mehr zurück. Im Text ist eine steigende Tendenz der *Selbstzurücknahme* nachweisbar.

Der für die literarische Moderne wohl signifikanteste Satz aus dem *Lenz* ist folgender:

> ... nur war es ihm manchmal unangenehm, daß er nicht auf dem Kopf gehn konnte.[68]

Lenz verhält sich zu seiner Umgebung diametral entgegengesetzt. Die Metapher des auf den Kopf gestellten Individuums ist ein konstitutives Bild der Moderne. Das *Ich ist verkehrt.*[69]

Oder die *Welt ist verkehrt*, und die Häuser stehen auf dem Kopf:

> er amüsierte sich, die Häuser auf die Dächer zu stellen[70]

---

[67] nach Georg Büchner, S.517; Die *Kinderwelt* (als Motiv des Textes) kann in Analogie zur *Theaterwelt* (als typisch Büchnersches Motiv) ebenfalls als eine *Transformation des Ich* in einen anderen Wirklichkeitsmodus aufgefaßt werden.
[68] ebd., S.137
[69] Georg Baselitz beispielsweise hat diese Verdrehung der Person zu seinem Stilmerkmal gemacht.
[70] ebd., S.155

In Büchners Text wird ein Ich geschaffen, das im Verhältnis zu seiner Umgebung nicht lebensfähig ist und sich dementsprechend dem Leben gegenüber verweigert. „Das Leiden des Menschen ist, daß es keine Welt mehr gibt, in der er leben könnte. So muß er sich in seinen Abgründen verlieren."[71] Diese Verweigerung gegenüber dem In-der-Welt-sein bezieht sich jedoch nicht ausschließlich auf die irdische Existenz. Dann wäre die einfache Lösung der Freitod. Doch:

> Die halben Versuche zum Entleiben, die er indes fortwährend machte, waren nicht ganz Ernst, es war weniger der Wunsch des Todes, für ihn war ja keine Ruhe und Hoffnung im Tod.[72]

Der *Lenz* endet nicht mit seinem Tod, sondern mit einer bewußten Akzentuierung auf dem weiteren Fortleben. Aus den Erlebnissen, die Lenz in Waldersbach schmerzhaft widerfahren sind, zieht er die Erkenntnis, das Dasein notwendig anzunehmen - als *notwendige Last*, wie es im Text heißt. Büchners Text endet mit einem *furchtlosen*, das Dasein *bejahenden, lebendigen* Lenz. Dieses *Hin-Leben* ist ein weiterer Topos der Moderne. Jene Lebendigkeit (beispielsweise in Camus' *Mythos von Sisyphos* oder Sartres *Ekel*) ist nicht glücklich und zuversichtlich. Sie ist das Resultat eines (Leidens-)Weges der kontinuierlichen Zertrümmerung jeglichen Sinns. Jene Lebendigkeit ist reine Affirmation des Daseins aus Mangel an Alternativen. Aber sie ist ein deutliches unumstößliches Ja.

Der *literarische Lenz* affirmiert letztlich seine Existenz. Die letzten Sätze des Textes lauten:

> er fühlte keine Angst mehr, kein Verlangen; sein Dasein war ihm eine notwendige Last. - - So lebte er hin.[73]

Der *historische Lenz* hingegen (durch die Kenntnis seiner biographischen Daten des Lesers) schreibt diesen Text fort und steht im Widerspruch zur Literatur. Lenz wurde nachts in Moskau tot auf der Straße aufgefunden. Er ist einsam gestorben, sein Tod ist nicht eindeutig datiert. Lenz lebte und starb in seinem letzten Jahrzehnt in kläglichsten Verhältnissen. Er hat ein Leben geführt, das konsequent in einen frühzeitigen unnatürlichen Tod führte. „Er starb von wenigen betrauert, von keinem vermißt",

---

[71] Peter Michelsen, S.307
[72] Georg Büchner, S.156 f.
[73] ebd., S.158

wie es im Nachruf auf Jakob Michael Reinhold Lenz im *Intelligenzblatt der Allgemeinen Literaturzeitung* hieß.[74] Auch der authentische Lenz erlitt einen Tod ohne Publikum - ohne Resonanz seiner Mitmenschen.

Dem in der Literatur gestalteten Verhältnis zwischen Selbstaufgabe und Bejahung des Daseins wird von der Historie widersprochen. Es erfährt in der historischen Wirklichkeit seine konkrete Entsprechung. Wie die Wirklichkeit als Korrektiv gegenüber dem Ideal fungiert, so kommt es zum Oszillieren zwischen authentischem und fiktivem Lenz im Rezeptionsprozeß des Textes.[75]

Resümierend zu den drei Aspekten des hier vorliegenden Zugangs zu *Lenz* - Wirklichkeit, Sinn, Person (Landschaft, Gott, Ich) - sei folgende These vertreten: für alle drei Inhalte ist gleichermaßen eine verneinende Tendenz charakteristisch. Nach einem rauschhaften Anschwellen der drei Konstituenten des Textes und mehrfach gestalteten Peripetiepunkten folgt ihre notwendige Zerfaserung. Die *Wirklichkeit* verflüchtigt sich, dem *Sinn* wird widersprochen, das *Sein* gibt sich auf. Übrig bleibt Büchners berühmtes *Nichts*.

Zusatz

Es seien hier unkommentiert noch einige kurze Auszüge aus Texten des französischen Existentialismus angeführt. Büchner antizipiert mit seinen Konfigurationen von Wirklichkeit, Freiheit gegenüber einem äußeren Sinn und Selbst, mit seinem Impetus der Lebensaffirmation im Modus des zweckfreien Daseins/Hinlebens die Inhalte von Sartre und Camus. Erstaunlich ist vor allen Dingen die Nähe zu den

---

[74] nach Georg Büchner, S.561
[75] Ein ähnliches Verhältnis zwischen Literatur und Historie ist auch in *Dantons Tod* enthalten. Fiktion und Authentizität - ein literarisches Motiv und historische Daten - treten in eine Art Dialog zueinander. Der Rezipient von *Dantons Tod* weiß den Ausgang der Französischen Revolution. Daß Robespierre Danton bald in den Tod nachfolgen wird, ist als *historischer* Subtext dem *literarischen* Oberflächentext eingeschrieben. Somit haben wir es auch hier mit einem intertextuellen Zusammenhang zwischen Authentizität und Fiktion zu tun, der in der Literatur aufgehoben ist.

literarischen Bildern der beiden genannten Autoren. Büchners Lenz nimmt sowohl Albert Camus' *Mythos von Sisyphos* als auch Sartres *Ekel* vorweg.

Der Mythos von Sisyphos:

> Eine Stufe tiefer - und die Verfremdung ergreift uns: die Wahrnehmung, daß die Welt 'dicht' ist, die Ahnung, wie sehr ein Stein fremd ist, undurchdringbar für uns, und mit welcher Intensität die Natur oder eine Landschaft uns verneint. In der Tiefe jeder Schönheit liegt etwas Unmenschliches, und diese Hügel, der sanfte Himmel, die Konturen der Bäume - sie verlieren im Augenblick den trügerischen Sinn, mit dem wir sie bedachten, und liegen uns von nun an ferner als ein verlorenes Paradies. Die primitive Feindseligkeit der Welt, die durch die Jahrtausende besteht, erhebt sich wieder gegen uns. Eine Sekunde lang verstehen wir die Welt nicht mehr: jahrhundertelang haben wir in ihr nur die Bilder und Gestalten gesehen, die wir zuvor in sie hineingelegt hatten, und nun verfügen wir nicht mehr über die Kraft, von diesem Kunstgriff Gebrauch zu machen. Die Welt entgleitet uns: sie wird wieder sie selbst. Die gewohnheitsmäßig maskierten Kulissen werden wieder, was sie wirklich sind. Sie rücken uns fern.[76]

> Die Kluft zwischen der Gewißheit meiner Existenz und dem Inhalt, den ich dieser Gewißheit zu geben suche, ist nie zu überbrücken. Ich werde mir selbst immer fremd bleiben.[77]

> Der absurde Mensch ahnt so ein glühendheißes und eiskaltes, durchsichtiges und begrenztes Universum, in dem nichts möglich, aber alles gegeben ist und jenseits dessen der Zusammenbruch und das Nichts liegen. Nun kann er sich dazu entschließen, das Leben in einem solchen Universum anzuerkennen und aus ihm seine Kraft zu gewinnen, seinen Verzicht auf Hoffnung und die eigensinnige Bekundung eines Lebens ohne Trost.[78]

> Ja, der Mensch ist sein eigenes Ziel. Und er ist sein einziges Ziel.[79]

> Alle Helden Dostojewskijs fragen sich nach dem Sinn des Lebens. Darin sind sie modern: sie fürchten die Lächerlichkeit nicht.[80]

Der Ekel:
> Nichts schien wirklich. [...] Die Welt wartete mit angehaltenem Atem und machte sich klein.[81]

---

[76] Albert Camus, S.17 f.
[77] ebd., S.22
[78] ebd., S.53 f.
[79] ebd., S.75
[80] ebd., S.87
[81] Jean-Paul Sartre, S.114

Es ist unmöglich, anzunehmen, daß *die Welt* sich verändert hat: das wüßte man. Vielleicht bin ich nicht mehr derselbe, weil ich mich in die Einsamkeit verkrieche? Ich bin nicht so ganz überzeugt davon: ich fühle den Ekel nicht wie ein Gefühl, das *in mir* wäre; es ist vielmehr eine Eigenschaft der Dinge.[82]

Alle diese Gegenstände ... wie soll ich sagen? Sie belästigten mich [...] Der Kastanienbaum drängte sich gegen meine Augen. [...] Das leise Plätschern des Masquerer-Brunnens sickerte in meine Ohren und nistete sich dort ein [...] *Zuviel:* das war der einzige Bezug, den ich zwischen diesen Bäumen, diesen Gittern, diesen Kieseln herstellen konnte [...] *auch ich war zuviel.*[83]

Literatur

Bloch, Peter André, *Räume und Grenzen in Büchners Novelle 'Lenz': Innenwelt und Außenwelt in der Verkehrung*, iudicium verlag, München 1990

Büchner, Georg, *Werke und Briefe*, dtv klassik, München 1988

Camus, Albert, *Der Mythos von Sisyphos - Ein Versuch über das Absurde*, Rowohlt, Hamburg 1959

Eco, Umberto, *Der Name der Rose*, dtv, München 1986

Goethe, Johann Wolfgang von, *Werke* - Hamburger Ausgabe, dtv, München 1998

Hartung, Günter, *Woyzecks Wahn*, in: *Weimarer Beiträge*, Aufbau-Verlag, Berlin und Weimar 1988 (7) / 34. Jahrgang

Kant, Immanuel, *Die Religion innerhalb der Grenzen der bloßen Vernunft*, Reclam, Stuttgart 1996

---

[82] ebd., S.282
[83] ebd., S.185 f.

Keller, Gottfried, *Die Leute von Seldwyla*, Aufbau-Verlag, Berlin und Weimar 1986

Kleist, Heinrich von, *Sämtliche Werke*, Druck und Verlag von A. Weichert, Berlin NO.

Michelsen, Peter, *Das Leid im Werk Georg Büchners*, in: *Jahrbuch des freien deutschen Hochstifts*, Max Niemeyer Verlag, Tübingen 1989

Müller, Heiner, *Heiner Müller Material - Texte und Kommentare*, hrsg. von Frank Hörnigk, Reclam Leipzig 1989

Nietzsche, Friedrich, *Also sprach Zarathustra - Ein Buch für alle und keinen*, Wilhelm Goldmann Verlag München

Roche, Mark W., *Die Selbstaufhebung des Antiidealismus in Büchners Lenz*, in: *Zeitschrift für Deutsche Philologie*, Bd. 107 Sonderheft, Niemeyer, München

Sartre, Jean-Paul, *Der Ekel*, Aufbau-Verlag, Berlin und Weimar 1982

Zweig, Stefan, *Schachnovelle*, in: *Die unsichtbare Sammlung*, Reclam Leipzig 1977

dtv-Atlas zur deutschen Literatur - Tafeln und Texte, hrsg. von Horst Dieter Schlosser, dtv, München 1994

Anhang

Hervorhebung sprachlicher Mittel anhand von Textbeispielen

Wirklichkeit

Wirklichkeitssteigerung/*Penetranz der Wirklichkeit*

> Nur manchmal, wenn der Sturm das Gewölk in die Täler *warf*, und es den Wald herauf dampfte, und die **Stimmen an den Felsen** *wach* **wurden**, bald wie fern **verhallende Donner**, und dann **gewaltig heran brausten**, in **Tönen**, als wollten sie in ihrem **wilden Jubel die Erde besingen**, und die Wolken wie wilde wiehernde Rosse heransprengten, und der Sonnenschein dazwischen durch*ging* und *kam* und sein blitzendes Schwert an den Schneeflächen zog, so daß ein helles, blendendes Licht über die Gipfel in die Täler *schnitt*; oder wenn der Sturm das Gewölk abwärts *trieb* und einen lichtblauen See *hineinriß*, und dann der Wind **verhallte** und tief unten aus den Schluchten, aus den Wipfeln der Tannen wie ein **Wiegenlied** und **Glockengeläute heraufsummte**, und am tiefen Blau ein leises Rot *hinaufklomm*, und kleine Wölkchen auf silbernen Flügeln durchzogen und alle Berggipfel scharf und fest, weit über das Land hin glänzten und blitzten, riß es ihm in der Brust ...

- Anthropomorphisierung: kursiv
- auditive Sprache: fett
- Vitalisierung/impulsive explosive Metaphorik: unterstrichen

Umschlag zwischen Wirklichkeitssteigerung und Wirklichkeitsverlust

> ... er stand, keuchend, den Leib vorwärts gebogen, *Augen und Mund weit offen*, er meinte, er müsse *den Sturm in sich ziehen, Alles in sich fassen, er dehnte sich aus* und lag über der Erde, er **wühlte sich in das All hinein**, es war eine Lust, die ihm wehe tat; oder er stand still und **legte das Haupt in's Moos und schloß die Augen** halb, und dann zog es weit von ihm, die Erde wich unter ihm, sie wurde klein wie ein wandelnder Stern und tauchte sich in einen brausenden Strom, der seine klare Flut unter ihm zog. Aber es waren nur Augenblicke, und dann erhob er sich nüchtern, fest, ruhig als wäre ein Schattenspiel vor ihm vorübergezogen, er wußte von nichts mehr.

- Einverleibung der Landschaft: kursiv
- wechselseitige Verschmelzung von Ich und Welt/Hingabe gegenüber der Welt: fett
- Wirklichkeitsverlust/*Wirklichkeitsvakuum*: unterstrichen

Angst vor dem Verschwinden der Wirklichkeit

> Aber nur so lange das Licht im Tale lag, war es ihm erträglich, gegen Abend befiel ihn eine sonderbare Angst, er hätte *der Sonne nachlaufen mögen*; wie die **Gegenstände nach und nach schattiger wurden**, kam ihm **Alles so traumartig**, so zuwider vor, es kam ihm die Angst an wie Kindern, die im Dunkeln schlafen; es war ihm als sei er blind; jetzt wuchs sie, der Alp des Wahnsinns setzte sich zu seinen Füßen, **der rettungslose Gedanke, als sei Alles nur sein Traum**, öffnete sich vor ihm, *er klammerte sich an alle Gegenstände*, **Gestalten zogen rasch an ihm vorbei**, *er drängte sich an sie*, **es waren Schatten**, das Leben wich aus ihm und seine Glieder waren ganz starr.

- Lenz greift nach der Wirklichkeit: kursiv
- die Wirklichkeit verflüchtigt sich: fett
- (Licht- und Schattenmetaphorik): unterstrichen

Gott

Gottesbegegnung/*Penetranz Gottes*

> Das *Drängen in ihm*, die *Musik*, der *Schmerz*, erschütterte ihn. Das All war für ihn in Wunden; er fühlte tiefen unnennbaren Schmerz davon. Jetzt, **ein anderes Sein**, *göttliche, zuckende Lippen bückten sich über ihm aus*, und *sogen sich an seine Lippen*; er ging auf sein einsames Zimmer. Er war allein, allein! Da rauschte die Quelle, Ströme brachen aus seinen Augen, er *krümmte sich* in sich, *es zuckten seine Glieder*, es war ihm als müsse er sich auflösen, er konnte kein Ende finden der *Wollust*; ...

- körperlich metaphorisierte Gottesbegegnung: kursiv
- Behauptung eines anderen Wirklichkeitsmodus' (auf der Begriffsebene): fett
- Selbstauflösung: unterstrichen

Suche nach Gott (körperliche Metaphorik)

> Unterdessen ging es fort mit seinen religiösen Quälereien. Je leerer, je kälter, je **sterbender** er sich innerlich fühlte, desto mehr *drängte es in ihn*, eine *Glut* in sich zu *wecken*, es kamen ihm Erinnerungen an die Zeiten, wo *Alles in ihm sich drängte*, wo er unter all' seinen Empfindungen *keuchte*; und jetzt so **tot**. Er verzweifelte an sich selbst, dann *warf er sich nieder*, er *rang die Hände*, er *rührte Alles in sich auf*; aber **tot! tot!** Dann flehte er, Gott möge ein Zeichen an ihm tun, dann *wühlte er in sich*, **fastete**, lag träumend am Boden.

- metaphorische Vitalisierung: kursiv
- Metapher des Todes: fett
- in Anlehnung an *Wirklichkeitsvakuum* Bilder der Leere für die Thematisierung Gottes: unterstrichen

Gottesverlust/Ringen mit Gott

> In seiner Brust war ein Triumph-Gesang der Hölle. Der Wind klang wie ein Titanenlied, es war ihm, als könne er *eine ungeheure Faust hinauf in den Himmel ballen* und *Gott herbei reißen* und zwischen seinen Wolken *schleifen*; als könnte er die Welt *mit den Zähnen zermalmen* und sie *dem Schöpfer in's Gesicht speien*; er schwur, er lästerte. So kam er auf die Höhe des Gebirges, und das ungewisse Licht dehnte sich hinunter, wo die weißen Steinmassen, und **der Himmel war ein dummes blaues Aug**, und **der Mond stand ganz <u>lächerlich</u> drin, einfältig**. Lenz mußte <u>laut lachen</u>, und <u>mit dem Lachen</u> *griff* <u>der Atheismus in ihn</u> und *faßte* ihn ganz sicher und ruhig und fest.

- Metaphorik der Hände/leibhaftige Gottesdemütigung: kursiv
- Profanierung der Wirklichkeit als Lästerung der Schöpfung: fett
- Motiv des Lachens als subversive Macht gegen Gott: unterstrichen
  (besonders deutlich: die motivische Verkettung von Wirklichkeit und Gott durch das Lachen)

Gottesbild/-bilder im *Grünen Heinrich*
Gottfried Kellers erste Fassung

Einleitung

Drei Fragen

Gegenstand meiner Auseinandersetzung mit dem Thema *Gottesbild* bzw. unterschiedliche *Bilder für Gott* ist Gottfried Kellers Roman *Der grüne Heinrich*, 1854/55. Ich werde in einer deutlich textimmanenten Arbeitsweise verfahren. Die Perspektive meiner Fragestellungen richtet sich ausschließlich auf den semantischen Textzusammenhang, in dem der Roman ein Gottesbild entwirft. Sie berücksichtigt nur bedingt die Chronologie des gesamten Textes, historische Hintergründe, biographische Bezüge, Sekundärmaterial und an *Gott* angrenzende Themen des Romans. Meine Methode des Versuchs, die Bebilderung Gottes im Text nachzuzeichnen, orientiert sich an *Motiven*, ihren gegenseitigen Bezügen und ihren Veränderungen innerhalb des Romanverlaufs. Anhand der Motivik - der motivischen Konfigurationen und der Schichten eines Motivs - ergibt sich die Gliederung meiner Arbeit.

Drei verschiedenen Blickrichtungen auf die Bedeutungsfelder, die sich um *Gott, Religion, Glaube* bilden, möchte ich besonders nachgehen.
    Erstens interessiert mich folgender Fragenkomplex: Welche Formen des *Gesprächs* mit Gott werden thematisiert? Welche Rolle spielt das *Gebet* im Text? Welches Leistungsvermögen hat die *Versprachlichung* von Glaubenszusammenhängen? und: Erweist sich Gott als ein guter Dialogpartner in Kellers Roman?
    Der zweite Schwerpunkt ist die *Wandelbarkeit* des Gottesbegriffes: Welche Metamorphosestufen passiert Gott (beispielsweise analog zu Heinrichs Veränderungen) in diesem 'Entwicklungsroman'? Welche Metaphern/Begriffe lassen sich

innerhalb des Textverlaufs als kontextuelle Gottes-Synonyme lesen: Herz, Liebe, Natur, Kunst, Gewissen etc. In welcher jeweiligen *Gestalt* läßt sich das Gott-Motiv mit Personen des Figurenensembles des Romans besetzen/verknüpfen?

Und drittens stellt sich mir die Frage nach dem *Verhältnis zwischen Vater und Gott*: Inwieweit entsprechen sich der im *Grünen Heinrich* behauptete Gott und das Vatermotiv? Wie stark und an welchen Stellen wirkt sich ein *männlich* besetzter Logos auf die Rollenmuster des Romans aus? Und auf welche Art und Weise bestimmt die Ausrichtung an dieser sublimierten Vaterorientierung Heinrichs Beziehungen zu Frauen, seiner Mutter, zu seinen Freunden, seiner Umwelt?

Auf die *Institution* Kirche, auf ihre sich verändernde Stellung im *gesellschaftlichen* Kontext des Romans, in Kellers Gegenwart und in seinen anderen Texten, auf Kellers vehemente und vielschichtige Religionskritik gegenüber seiner Zeit werde ich kaum, und nur wenn sie in bezug auf die genannten drei Punkte von Bedeutung sind, eingehen.

Bei diesen drei Fragerichtungen, die der motivischen Thematisierung Gottes in Kellers Roman *Der grüne Heinrich* nachgehen, wird fast ausschließlich das Gottesbild von Heinrich Lee - dem Protagonisten des Romans - Berücksichtigung finden, um am Schluß der Auseinandersetzung mit dem Text nach in ihm aufgehobenen peripheren Alternativen zu Heinrichs Gottesvarianten zu fragen.

Folgende Schwerpunkte sind für die hier vorliegende Arbeit richtungsweisend: I. Heinrichs gesprochener Gott, II. unterschiedliche Gestalten Gottes und III. Heinrichs Gott-Vater und Vater-Gott.

I. Gebet

Affekt-Gott/Affekt-Gebet

> Indem unser Knabe starr nach ihm [gemeint ist der Morgenstern, F.S.] hinsah, tat er einen jener stummen, flüchtigen Gebetseufzer, die, wenn sie in Worte zu fassen wären, ungefähr so lauten würden: Das ist sehr schön, o Gott! ich danke dir dafür, ich gelobe, das Meinige auch zu tun! Wo und wer du auch seist, habe Nachsicht mit mir, du weißt, wie alles kommt in deiner Welt, übrigens mache mit mir, was du willst!
> Die Brust des jungen Menschen hob und senkte sich sehr stark; aber seine Seele war so keusch, daß er vor allem pathetischen Verweilen, vor aller Selbstgefälligkeit solcher Augenblicke floh, ehe sich obige wenigen Sätze in seinem Sinne deutlich entwickeln konnten.[1]

Mit diesem ersten Gebet in dem Roman wird ein langes quasidialogisches Verhältnis zwischen Heinrich und Gott eingeführt. Gott als beobachtende Instanz ist in dem gesamten Text gegenwärtig und ein wesentlicher Bestandteil für Heinrichs Selbst- und Weltverständnis. Der *Adressat Gott* beeinflußt einen Großteil von Heinrichs künstlerischen Ausdrucksmitteln wie auch seine Jugendgeschichte. Oft scheinen sie direkt an ihn gerichtet zu sein. Gott als allgegenwärtiger Zuhörer ist Heinrichs Suche nach Selbstverwirklichung, seinem Lebensweg bis hin zum Scheitern - selbst in seiner 'gottlosen Zeit' als vorhandene Leerstelle - eingeprägt.

Gott ist jedoch nicht nur ein passiver Zuhörer. In Kellers Roman wird ein oszillierendes Absender-Adressat-Verhältnis zwischen Heinrich und Gott geschildert. Der *Absender Gott* ist sowohl in Heinrichs Umgebung *latent* gegenwärtig - für den Leser chiffriert und metaphorisiert anwesend - als auch als dialogisch in den Handlungsverlauf Eingreifender im Text *konkret* benannt. Heinrich deutet Ereignisse in seinen Lebenszusammenhängen als direkte Antworten Gottes auf seine Gebete - als Gottesurteile.

Das eben zitierte Textbeispiel ist charakteristisch für ein immer wiederkehrendes Thema des Romans und für eine sich wiederholende Gebets*form*. Heinrichs Kontaktaufnahme mit Gott vollzieht sich in einem „Seufzer" - „stumm und flüchtig." Die Übersetzung dieser Affektäußerung fließt unter Vorbehalt in den Romantext ein: „wenn sie in Worte zu fassen wären, ungefähr so lauten würden ..." Durch den

---

[1] Keller, *Der grüne Heinrich* - Erste Fassung, S.17. Im Folgenden sind die Zitate von Keller, wenn nicht anders angegeben, immer aus diesem Text.

doppelten Konjunktiv, die syntaktische Wenn-Dann-Konstruktion und das „ungefähr" wird vom Autor überdeutlich darauf hingewiesen, daß es sich hier notwendig um einen nichtsprachlichen Austausch zwischen Heinrich und Gott handelt. Heinrichs Danksagung und Bitte ist nicht sprachfähig, so daß Heinrich selbst vor einer sinnentstellenden Versprachlichung - vor dem Zwang der inneren Gesetze der Wörter und Sätze - flieht: er „floh, ehe sich obige wenigen Sätze in seinem Sinne deutlich entwickeln konnten."

Das Mißtrauen gegenüber dem Wort/der Schrift/dem Katechismus ist ein zentrales Thema des Romans, der Seufzer (als Gebet- oder Dankseufzer) eine adäquate Alternative, fast ein Topos[2] bei Keller. Das Verhältnis zu Gott im *Modus der Affekte* steht einem *Wort-Gott* oder *Rollen-Gott* gegenüber.

In dem nun folgenden Textbeispiel stellt uns Gottfried Keller einen konsequenten, standhaften und bockigen Wort-Verweigerer vor. Von *außen* tritt die Anforderung an Heinrich heran, einem väterlichen Gott, vermittelt durch eine mütterliche Autorität (die Mutter wird zum Sprachrohr des Vater-Gottes), zu danken. Er widersetzt sich dieser Gebetsaufforderung. Der Grund ist eine *innere Scham* gegenüber der Tatsache, Bestandteil dieser ritualisierten Gesprächsform mit Gott zu sein. Heinrich kann seinen Unwillen der Mutter nicht erklären, vielmehr gründet er auf einem kindlichen Unbehagen, das sich einer Erklärbarkeit entzieht, aber keineswegs unbegründet ist.

> Ihr [gemeint ist die Mutter, F.S.] Gott war dazumal schon nicht der Befriediger und Erfüller einer Menge dunkler und drangvoller Herzensbedürfnisse, sondern klar und einfach der versorgende und erhaltende Vater, die Vorsehung. Ihr gewöhnliches Wort war: Wer Gott vergißt, den vergißt er auch; von der inbrünstigen Gottesliebe dagegen hörte ich sie nie reden, und ich selbst habe eine Stimmung dieser Art erst später empfunden, als das Wesen Gottes mir endlich meiner reiferen Empfänglichkeit und Erkenntnis entsprechend sich ausgebildet hatte. [...] sie legte mit andauernder Sorge den Grund zu einem unwandelbaren Gottvertrauen in mich. [...] Aber wie erstaunte sie, als ich nur die ersten Worte trocken hervorbrachte und dann plötzlich verstummte und nicht weiter

---

[2] Um nur einen Beleg für die Bedeutung des Seufzers in Kellers weiteren Arbeiten zu erbringen, sei an die Novelle *Frau Regel Amrain und ihr Jüngster* erinnert. Die Peripetie des gesamten Textes, der Umschwung, der sich im Innern der Frau Regel Amrain vollzieht, der aber durch das äußere Eingreifen ihres jüngsten Sohnes vereitelt wird, schafft sich in einem Seufzer seinen Ausdruck. Stärker formuliert: der Seufzer ist genau jener performative nicht sprachfähige Akt des inneren Wandels, der „Augenblick", der „Zweifel" selbst, wie es im Text heißt: „was Wunder, daß sie daher endlich einen Augenblick innehielt und tief aufseufzte und daß ihr in diesem Augenblick der Zweifel durch den Kopf ging, ob es sich auch der Mühe lohne, so treu und ausdauernd in Entbehrung und Arbeit zu sein, und ob nicht das eigene Leben am Ende die Hauptsache und es klüger sei, zu tun wie die andern und, nicht dem verwegenen und frechen Andringling, sondern sich selbst zu gewähren, was ihr Lust und Erfrischung bieten könne ..." Keller, *Die Leute von Seldwyla I*, S.134

> konnte! - Das Essen dampfte auf dem Tische, es war ganz still in der Stube, die Mutter wartete, aber ich brachte keinen Laut hervor. [...] Am folgenden Tage wiederholte sich der Auftritt und sie wurde nun ernstlich bekümmert und sagte: „Warum willst du nicht beten? Schämst du dich?" [...] Es war Scham vor mir selber; ich konnte mich selbst nicht sprechen hören und habe es auch nie mehr dazu gebracht, in der tiefsten Einsamkeit und Verborgenheit laut zu beten.[3]

Die Mutter wird ihrem von *Vater* und *Vater-Gott* auferlegten strafenden Erziehungsauftrag nicht gerecht. Sie vermag es nicht, die Danksagung für den *Brot-Geber-Gott* einzufordern. Sie läßt Heinrich die zunächst vorenthaltene Speise dann doch zukommen. Und Heinrich antwortet *seinem* Gott mit einem Dankgebet.

> Auf dem Wege zur Schule ließ ich es nicht an einem vergnügten Dankseufzer fehlen für die glückliche Befreiung und Versöhnung.[4]

Im Verlauf des Textes folgt dieser aus innerer Scham begangenen Tischgebet-Verweigerung unmittelbar die Geschichte vom kleinen Meretlein. Der bewußte Anschluß an die Motivik einer frühkindlichen Verweigerung mit der Motivik einer mit weiblichen Stigmata besetzten Widersacherin gegenüber einem ritualisierten Gott-Vater eröffnet interessante Interpretationsmöglichkeiten, denen im Laufe dieser Arbeit noch nachgegangen werden soll.

---

[3] Keller, S.86 f. Das Zitat ist über den Zusammenhang der Gebetsverweigerung hinaus noch in einer anderen Hinsicht vielsagend. Es enthält sehr komprimiert Charakterisierungen zweier sich unvereinbar gegenüberstehender Gottesmodelle. Die Mutter predigt einen *versorgenden und erhaltenden Vater-Gott*, einen *Ernährer und Beschützer*. Dieser fordert Dankbarkeit, Demut, Gehorsamkeit und Scham. Gott ist eine äußere Instanz. Die Scham, welche die Mutter meint, richtet sich auf 'Gott und die Welt'. Aber Heinrichs Scham „war nicht Scham vor der Welt, wie es der Priester zu nennen pflegt" (ebd., S.87), sondern sie richtet sich nach innen. Beide Gottesmodelle können im verbalen Austausch zwischen Mutter und Sohn nicht miteinander vermittelt werden. Obwohl er sich schämt, kann Heinrich die Frage der Mutter nicht beantworten: „Das war nun zwar der Fall, ich vermochte es aber nicht zu bejahen, weil, wenn ich es getan, es doch nicht wahr gewesen wäre in dem Sinne, wie sie es verstand." Ebd., S.87.
Heinrich vermißt einen Gott als *Befriediger dunkler und drangvoller Herzensbedürfnisse,* einen Gott der *inbrünstigen Gottesliebe,* einen Gott, der sich durch eine *Stimmung empfinden* läßt, einen Gott, dem gegenüber sich Heinrich *vor sich selbst schämen* würde, mit dem er also nicht in einem hierarchisierten Abhängigkeitsverhältnis stünde. Mit kontrastiver Deutlichkeit ist die nebulöse konturenlose Charakterisierung des von Heinrich vermißten Gottes der einfach strukturierten Hierarchie der Gottesvorstellung der Mutter gegenüber gestellt.
Die *Wandelbarkeit* der Beziehung zu Gott ist an dieser Stelle ebenfalls schon negativ vorformuliert. Ein *unwandelbares Gottvertrauen*, wie es im Text heißt, geht von der Mutter aus. Es wird auch von Heinrich angenommen aber gleichzeitig deutlich kontrastiv gegen seine Verweigerung gestellt.
[4] ebd., S.88

Katechismuskritik/der Wort-Gott

Als letztes Beispiel für die im Text behauptete Gewalttätigkeit des Wortes, für die abtötenden Worte, sei 'Gottes Wort' (im weitesten Sinne) selbst bezeichnend - Kellers Ausführungen über den Katechismus, über die „eintönigen Gewaltsätze."[5] Heinrich beschreibt in seiner Jugendgeschichte diese Textsorte und deren Vermittlung - ihre autorisierte Lesart - als zerstörerische Kraft innerhalb seiner Entwicklung. Der Lehrer des Katechismus' ist der menschlich männliche Stellvertreter eines *unlebendigen Gottes*, die Lehrmethode die Verlängerung eines *falschen Gottes* in die empirischen Lebenszusammenhänge einer Gemeinschaft.

Besonders aufschlußreich an dieser Katechismusentlarvung ist Kellers Metaphernwahl. Die Charakterisierungen des Katechismus stammen fast ausschließlich aus dem *Naturreich*. Kellers Argumentation baut auf der Polarisation von *fruchtbar, organisch, lebendig* versus *öde, unwirtlich, tot* - Wachstum versus Erstarrung - auf. Wärme- und Kältemetaphern stecken den *Lebens*raum, die *Lebens*bedingungen eines Gottes ab. Hart, dunkel und kalt sind die Worte, aus denen sich der Lebensraum des Katechismus zusammensetzt. Etwas überpointiert ließe sich sagen: Keller beschreibt hier ein Biotop. Was in diesem Biotop zu gedeihen vermag, ist der Phantasie des Lesers überlassen. Oder in Kellers Worten: welche Ernte dieser Acker hervorbringt, ist im Acker verborgen.

Gott wird in einem semantischen Umfeld von Natur, Leben und Wärme metaphorisiert. Ein Reifen, Altern und ein mögliches Absterben Gottes ist eine Schicht dieser Metaphernwelt.

> Ein kleines Buch voll *hölzerner, blutloser* Fragen und Antworten, losgerissen aus dem *frischen Leben* der biblischen Schriften, nur geeignet, den *dürren* Verstand *bejahrter* und *verstockter* Menschen zu beschäftigen, [...] *Harte* Worte und *harte* Buße waren die Aufklärungen, beklemmende Angst, keines der *dunklen* Worte zu vergessen, [...] Wenn man diese, gegen die *verwilderte* Sündhaftigkeit *ausgewachsener* Menschen gerichteten, *vierschrötigen nackten* Gebote neben den übersinnlichen und unfaßlichen Glaubenssätzen gereiht sah, so fühlte man nicht den Geist wehen einer sanften menschlichen Entwicklung, sondern den *schwülen* Hauch eines *rohen* und *starren* Barbarentums, [...] Die Pein dieser Disziplin erreichte ihren Gipfel, wenn mehrere Male im Jahre die Reihe an mich kam, am Sonntage in der Kirche, vor der ganzen Gemeinde, mit lauter vernehmlicher Stimme das *wunderliche Zwiegespräch* mit dem Geistlichen zu führen, welcher in weiter Entfernung von mir auf der Kanzel stand, und wo jedes Stocken und Vergessen zu einer Art Kirchenschande gereichte. [...] Nicht als ob ich mir einbilden wollte, ein

---

[5] ebd., S.132

scharfsinnig polemisches Wunderkind gewesen zu sein; sondern es war reine Sache des *angeborenen Gefühles*. [...] aus meinem innern und äußern *Spiel- und Lustleben* wurde der liebe Gott verdrängt [...] Für lange Jahre wurde mir der Gedanke Gottes zu einem *prosaischen nüchternen Gedanken*, [...] Das *Leben*, die *sinnliche Natur* waren merkwürdigerweise mein Märchen, in dem ich meine Freude suchte, während Gott für mich zu der notwendigen, aber nüchternen und schulmeisterlichen Wirklichkeit wurde, [...] Ich betrachte diese halb gottlose Zeit gerade der weichsten und bildsamsten Jahre, welche deren wohl sieben bis achte andauerte, als eine *kalte öde* Strecke und weise die Schuld einzig auf den Katechismus und seine Handhaber. Denn wenn ich recht scharf in jenen vergangenen dämmerhaften Seelenzustand zurückzudringen versuche, so entdecke ich noch wohl, daß ich den Gott meiner Kindheit nicht liebte, sondern nur brauchte und daß damit das *lebendige Gefühl der Liebe* auch für alles übrige *Leben* nicht zum *Erwachen* kam und nur schwer durch die *unnatürlich übergeworfene Eisdecke* dringen konnte.[6] [Hervorh. F.S.]

In dem letzten Satz dieser Beschreibung einer unlebendigen Lesart Gottes ist das Bild des latenten Frühlings mit enthalten: „nicht zum Erwachen kam und nur schwer durch die unnatürlich übergeworfene Eisdecke dringen konnte", so daß die Überwindung dieses unfruchtbaren Gottes - die Rebellion gegen den Katechismus-Gott - seiner Charakterisierung mit eingeschrieben ist.

Heinrichs Erzieher versehen ihn demgemäß mit folgender Metapher: „Dieses ist ein seltsames Gewächs."[7]

---

[6]ebd., S.131 ff. Diese Charakterisierung eines katechisierten ritualisierten Gottes, der sich einer lebendigen fortschrittlichen Auffassung von Gott, Welt und Mensch entgegenstellt, korrespondiert mit einem sehr frühen Bild des Textes. In dem Bild ist eindeutig die gebremste Bewegung durch ein Hindernis - ein sich in den Weg stellen - aufgehoben. Die gemeinte Textpassage arbeitet mit einem Bildeindruck, in dem die Bewegung des jungen Reisenden in eine neue Welt durch ein groteskes Hindernis der alten Welt gehemmt wird. Die literarischen Mittel sind nicht metaphorische Charakterisierungen in Form von Epitheta sondern die Beschreibung einer Bewegung, einer Reise, einer mit technischen Mitteln erzeugten Geschwindigkeit, die dem Wissensdrang, der Sehnsucht und Neugierde des Reisenden entspricht, und deren abrupte Unterbrechung durch ein archaisches humoristisch karikiert anmutendes Hindernis, das sich jener Bewegung in den Weg stellt. „Aus diesem herzlos unschönen Gebäude nun bewegte sich ein langer Zug sechzehnjähriger Konfirmandinnen quer über die Straße, von einem dicken jovialen Pfarrherrn angeführt, so daß der Postwagen anhalten mußte, bis alle vorbei waren. Schwarz gekleidet, mit gebeugten Häuptern, die tränenden Augen in weiße Taschentücher gedrückt, wallten die zarten Gestalten paarweise langsam vorüber, die keuschen Lippen noch feucht von dem Weine, welchen man ihnen als Blut zu trinken, in der Kehle noch das Brot, welches man ihnen als Menschenfleisch zu essen gegeben hatte. Diese dunkle Mädchenschar mit dem rotnasigen Pfarrer an der Spitze kam Heinrich vor wie ein Flug gefangener Nachtigallen aus dem Morgenlande, welche ein betrunkener Vogelhändler zum Verkauf umher führt. Der Zug schlängelte sich aber auch traumhaft genug unter dem klaren Himmel und durch Land und Leute hin." ebd., S.33. Wie die Eisdecke zwischen dem *natürlichen Gott* und Heinrich steht, so stellt sich dieser Zug einer *zielgerichteten Bewegung* entgegen.
[7]ebd., S.133

Dialogische Spiele

Nach der destruktiven Macht des Gottes-Wortes oder Wort-Gottes, nach Heinrichs Auflehnung gegen Gott nun zu seinen dialogischen Spielen mit Gott: es kommt mehrfach in dem Text zu *Gottesherausforderungen.*

Heinrichs sich entwickelnder Glaube ist bestimmt von einer sprachlichen Experimentierfreudigkeit, mittels derer er sich seinen Gott erschafft. „Seine Phantasie bedient sich vor allem einer großen Sprachlust; damit erbaut sich der Knabe fabulierend, schwadronierend und lügend eine eigene, freiere Wirklichkeit."[8] Besonders im ersten Band des Romans - in der Zeit der Herausbildung einer Beziehung zwischen dem 'grünen' Heinrich und dem großen Gott - stellt Heinrich Gott immer wieder auf die Probe, um ihn kennenzulernen, ihm zu begegnen. Dabei pflegt Heinrich einen sehr *persönlichen* Kontakt mit Gott - seinen „Privatverkehr mit Gott."[9] In Heinrichs Gebeten ist der Adressat Gott auffallend *menschlich* anwesend. Heinrich treibt mit ihm seinen Schabernack und rechnet mit menschlichen Reaktionen. Er verkehrt mit ihm in einem sehr intimen vertrauten Ton, ähnlich dem herzlich-rauhen Umgang zwischen ihm und seinen in den jeweiligen vorübergehenden Freundschaften verborgenen *Rivalen.*

In seinen Gebetsspielen ergibt sich Heinrichs Gottesvorstellung aus einem im produktiven Sinne widersprüchlichen Wechselverhältnis von inneren Fragen und äußeren Vorgaben, wobei die *innere Neugierde* als treibende Kraft überwiegt. Äußere Gottesangebote werden spielerisch hinterfragt, gegen sie wird mit einem in seinem *Inneren für richtig empfundenen* Aufbegehren rebelliert, oder Heinrich tut bewußt das 'Falsche', um zu beobachten was passiert, und diese Beobachtungsergebnisse fließen in seine Gottesvorstellung mit ein. Ganz deutlich wird hier ein Gottesbild erstellt, in dem Signale von außen herausgefordert werden. Äußere und innere Determinanten werden absichtlich in einen Widerspruch gebracht. Heinrichs Abtasten und Grenzüberschreiten läßt sich als direkte Herausforderung neuer Umrisse eines sich allmählich abzeichnenden Gottesbildes lesen.

Trotz der Unmittelbarkeit der Gebetsform und der Nähe zu Gott ist gerade in Heinrichs frühen Gebeten immer wieder ein *ironischer Zug* unverkennbar. Diese Ironie ist sowohl Selbstironie als auch Ironie gegenüber Gott. Heinrich und der,

---

[8]Boeschenstein, S.36
[9]Keller, S.132

welcher da betet, sind oft nicht kongruent. Aber auch Gott ist mit sich nicht identisch. Er wechselt ständig seine Rolle innerhalb der Gesprächsstrukturen. Gott und Heinrich sind in den von Heinrich imaginierten Gesprächen variable Größen. Heinrich kann in einem Satz gegenüber Gott eine ehrliche Demutshaltung einnehmen und im darauffolgenden ihn auslachen. Nicht selten sind die Textstrukturen und Gesprächsinhalte der Gebete paradox. Bei all den blasphemischen Anteilen dieser ironischen Gotteshinwendungen überwiegt jedoch immer der Eindruck der Suche nach Gott - der Suche nach einem Austausch, auch der Provokation einer annehmbaren Antwort. Die Unstetigkeit der Gesprächssituation und der bis ins Groteske gesteigerte Wechsel der Rollen weisen auf ein inneres Verlangen hin, eine angemessene Umgangsform mit Gott zu finden, eine Lösung des Gottesproblems herauszufordern.

Die Gesprächsführung der beiden ist vergleichbar mit dem gegenseitigen Fordern zweier Händler auf dem Marktplatz. Die Achtung vor dem anderen Händler steigt in dem Maße seiner Standhaftigkeit bei gleichzeitigem Verständnis der Belange des anderen. Die Gebete sind ein Spiel mit Regeln, in denen Sprache nicht abbildet, bezeichnet oder erklärt, sondern die Gegenstände des Spiels und deren Regeln neu *verhandelt*.

In den Spielen mit Sprache und Gott - im *Sprachspiel*[10] zwischen Heinrich und Gott - im ersten Band des Romans wird der Kontakt mit Gott von einem *performativen* Gestus der Sprache getragen.

Die drei folgenden Textbeispiele sind Belege für die kontradiktorische Struktur in Heinrichs Gebeten. Oder schwächer formuliert: sie weisen einen inhärenten Widerspruch auf, der sich besonders eignet für eine Herausforderung.

Heinrich verlangt von Gott etwas Ungerechtes oder Unmögliches, er verspottet ihn und bittet quasi gleichzeitig um Verzeihung, oder sein Trost- und Abschiedsgebet für den zu Tode gestürzten Freund/Feind wird von Lachen und Haß begleitet.

> In jeder üblen Lage aber rief ich Gott an und betete in meinem Innern in wenigen wohlgesetzten Worten, wenn die Krise zu reifen begann, um eine günstige Entscheidung und

---

[10] *Sprachspiel* ist hier durchaus im Sinne des späten Wittgenstein gemeint - keineswegs nur als metaphorische Referenz.

um Rettung aus der Gefahr, und ich muß zu meiner Schande gestehen, daß ich immer entweder das Unmögliche oder das Ungerechte verlangte.[11]

Heinrich treibt also Gott mit seinen Wünschen entweder in eine Aporie der Möglichkeiten oder in einen 'ethischen Konflikt'. Die Form der Herausforderung ist also durch Ausweglosigkeit und Paradoxie besonders prekär und gleichzeitig vielversprechend, um den *Allmächtigen* aus seinem Versteck herauszulocken.

Heinrich peinigt ihn mit der Banalität und Unwürdigkeit seiner Wünsche oder reizt ihn mit Schimpf und Spott:

> So sehr ich daher den lieben Gott respektierte und in allen Fällen bedachte, so blieben mir doch die Phantasie und das Gemüt leer [...] und wenn ich keine Veranlassung hatte, irgend einen angelegentlichen Gebetvortrag abzufassen, so war mir Gott nachgerade eine farblose und langweilige Person, die mich zu allerlei Grübeleien und Sonderbarkeiten reizte, zumal ich sie bei meinem vielen Alleinsein doch nicht aus dem Sinne verlor. So gereichte es mir eine Zeit lang zu nicht geringer Qual, daß ich eine krankhafte Versuchung empfand, Gott derbe Spottnamen, selbst Schimpfworte anzuhängen, wie ich sie etwa auf der Straße gehört hatte. Mit einer Art behaglicher und mutwillig zutraulicher Stimmung begann immer diese Versuchung, bis ich nach langem Kampfe nicht mehr widerstehen konnte und im vollen Bewußtsein der Blasphemie eines jener Worte *hastig ausstieß,* mit der unmittelbaren Versicherung, daß es nicht gelten solle, und mit der Bitte um Verzeihung; dann konnte ich nicht umhin, es noch einmal zu wiederholen, wie auch die reuevolle Genugtuung, und so fort, bis die seltsame Aufregung vorüber war.[12] [Hervorh. F.S.]

Als sein damaliger Schulfreund, mit dem er sich wegen dessen finanziellen Forderungen entzweite, nach einem Unfall „in diesem Augenblicke zerschmettert und tot auf dem Pflaster" lag, beten seine *Gedanken* und lacht sein *Herz*.

> Meine Gedanken waren und blieben ernst und dunkel, aber das innerste Herz, das sich nicht gebieten läßt, lachte auf und war froh. [...] das unsichtbare Wort, mein Feind sei mit einem Schlage nicht mehr, gab mir nur Versöhnung, aber die Versöhnung der Befriedigung und nicht des Schmerzes, der Rache und nicht der Liebe. Ich konstruierte zwar, als ich mich besonnen, rasch ein künstliches und verworrenes Gebet, worin ich Gott um Verzeihung, um Mitleid, um Vergessenheit bat; mein Inneres lächelte dazu, und noch heute, nachdem wieder Jahre vorübergegangen, fürchte ich, daß meine nachträgliche Teilnahme an jenem Unglücke mehr eine Blüte des Verstandes als des Herzens sei, so tief hatte der Haß gewurzelt![13]

---

[11] Keller, S.84
[12] Ebd., S.99 f. Abermals haben wir es mit dem Modus des Affekts - einem Schlagen mit dem Wort/Namen - zu tun.
[13] ebd., S.187

In den Gebetssituationen stellt Gottfried Keller sowohl Heinrich als auch den lieben Gott humoristisch in Frage. Sie werden uns gleichermaßen als unvollständige Wesen vorgestellt. In dem *Privatverkehr mit Gott* innerhalb des Heinrich-Gott-Gefüges wird eine partielle Haltlosigkeit Heinrichs thematisiert und eine Instabilität Gottes antizipiert.

Das Schweigen Gottes

In den letzten beiden Bänden des Buches sind die Affektgebete und die Spiele mit Gott verschwunden. Heinrich ist erwachsen geworden. Und auch Gott scheint ein gealterter, ruhiger, schwerfälliger, zuweilen schweigsamer Geselle geworden zu sein.

Die Gebetsinhalte und -motivationen verändern sich ebenso. Heinrich wird zum *Bittsteller* an Gott. Seine Gebetsinhalte sind auffällig unangemessen und widersprüchlich (im unproduktiven Sinne, denn aus diesem Widerspruch resultieren Bewegungslosigkeit und Ohnmacht). Sein Bitten ist unverhältnismäßig zu seinem Handeln, und seine Danksagungen sind eher Schuldbekenntnisse. Diese Übertreibungen sind nicht, wie die kindlichen Grenzüberschreitungen, durch die Frage an/nach Gott motiviert, sondern sie orientieren sich eindeutig an der Hilflosigkeit *seiner* Person in seiner Lebenssituation. Er *fragt* nicht mehr: *wie ist Gott beschaffen?*, sondern er *bittet* und *fordert*: *hilf mir aus meiner leidigen Lage!* Seine Gebete münden auch nicht mehr in eine Vorstellung von Gott - in eine Gottes-Affirmation - sondern in ein Zerrbild, ein gehetztes Verwerfen von Vorstellungen - in den Zweifel.

Auch die von ihm erwarteten/erdachten Antworten Gottes werden Heinrichs Verzerrungen und Unverhältnismäßigkeiten anheimfallen. Sie reichen vom „am Draht herbeigezogenen" Römer bis zum mürrischen Schweigen eines die Antwort verweigernden Gottes. Sie werden ironisierend und halbherzig entgegengenommen und für die eigenen Belange zurechtgestutzt. Heinrichs Vertrauen gegenüber jenen Antworten ist ein kompromißbereites Abwägen von Eventualitäten bzw. ein stetiges Glauben *und* In-Zweifel-Ziehen im Kontinuum zwischen Zufall und Gewöhnung. In Heinrichs schwankendem Gottvertrauen, das vor allen Dingen in den Gebeten zum

Ausdruck kommt, ist er es, der *versetzt* [14] wird, nicht der Gegenstand seines Glaubens.

Schließlich kommt das Gespräch allmählich ganz zum Erliegen. Auch der liebe Gott wird also zum *Wortverweigerer*.

Heinrich ist auf der immer wieder mißlingenden Suche nach einem Ausdrucksmittel für seine Kunst den Naturwahrheiten auf der Spur:

> Es wurde mir angst und bange, ich glaubte jetzt sogleich verzweifeln zu müssen, wenn es mir nicht gelänge, und seufzend bat ich Gott, mir aus der Klemme zu helfen. Ich betete noch mit den gleichen kindlichen Worten wie schon vor zehn Jahren, immer das Gleiche wiederholend, so daß es mir selbst auffiel, als ich halblaut vor mich hinflüsterte.[15]

Heinrich deutet sich eine Antwort Gottes auf seine Bitte zurecht:

> Ich konnte mir die Vorstellung eines langen Drahtes nicht unterdrücken, an welchem der fremde Mann auf mein Gebet herbeigezogen sei, während, gegenüber diesem *lächerlichen* Bilde, mir ein *Zufall* noch weniger munden wollte, da ich mir das Ausbleiben desselben nun gar nicht mehr denken mochte. Seither habe ich mich *gewöhnt*, dergleichen Glücksfälle, so wie ihr Gegenteil, wenn ich nämlich ein unangenehmes Ereignis als die Strafe für einen unmittelbar vorhergegangenen, bewußten Fehler anzusehen mich immer wieder getrieben fühle, als vollendete Tatsachen einzutragen und Gott dafür dankbar zu sein, ohne mir des genauern einzubilden, es sei unmittelbar und insbesondere für mich geschehen. Doch kann ich mich bei jeder Gelegenheit, wo ich mir nicht zu helfen weiß, nicht enthalten, von neuem durch Gebet solche hübsche Faits accomplis herbeizuführen und für die Zurechtweisungen des Schicksals einen Grund in meinen Fehlern zu suchen und Gott Besserung zu geloben.[16] [Hervorh. F.S.]

Immer wieder nimmt Heinrich Gebete zurück, oder ihm wird ihre Sinnlosigkeit im nachhinein bewußt. Heinrichs *Unsicherheit* im Umgang mit Gott wächst, wobei sich die Stränge seiner Gebete mehr und mehr verwirren - verheddern.

Heinrich bittet den „höchsten Schutzpatron und Obervikualienmeister seiner Mutter" um „das tägliche Brot."[17] Doch sogleich entschuldigt er sich wieder bei ihm wegen dieser dem großen Gott unangemessenen kleinen Bitte:

---

[14] „Denn wahrlich, ich sage euch: wenn ihr Glauben habt wie ein Senfkorn, so könnt ihr sagen zu diesem Berge: Heb dich dorthin!, so wird er sich heben; und euch wird nichts unmöglich sein." Matthäus 17, 20
[15] Keller, S.445
[16] ebd., S.449 f.
[17] beide Sequenzen ebd., S.702

Er bat den lieben Gott sogar um Verzeihung für die Zumutung, sich mit seiner Ernährung unmittelbar zu behelligen, den natürlichen Lauf der Dinge unterbrechend, während er selbst die Hände in den Schoß gelegt.[18]

Ihm wird die Paradoxie zweier sich kreuzender (sich inhaltlich auslöschender) Gebete - er betet für die Mutter und die Mutter betet für ihn - bewußt, so daß seine Zweifel an dem Sinn des Gebetvorganges und dem Adressaten immer quälender werden.

Er hatte Gott gebeten, seine Mutter vor Kummer und Leid zu schützen, sein Augenmerk auf sie und nicht auf ihn zu richten, und:

> dann mußte er sich aber wieder sagen, daß seine Mutter ohne Zweifel zu hause in der nämlichen Weise Gott für ihr Kind und nicht für sich selbst bitte, und da doch alles beim Alten blieb und Gott in der Mitte der sich kreuzenden flehentlichen Bitten sich ganz still verhielt, so vermehrten starke Zweifel an der Vernünftigkeit dieses ganzen Wesens sein Leid und sein Schuldbewußtsein.[19]

In den Gebeten der letzten beiden Bände wird der Dialogpartner Gott zunehmend zum Rudiment des Austauschs. Das Gespräch versiegt. Es breitet sich ein Schweigen aus - analog zum Briefwechsel mit der Mutter. Oder aber der Adressat verblaßt, und zurück bleibt ein flehender, bittender/dankender, einsamer, klagender, wehleidig suchender Heinrich - ein monologisierender Heinrich.

Das Gespräch entwickelt sich zum *Monolog*, Heinrich zum Ausrufer in eine leere Ferne, und Gott verkümmert zum *Reflexionsgegenstand* in Heinrichs *Gedanken*welt.

In dem Maße wie Gott als *Person* in den Gebeten weniger anwesend ist, wird er zu einem *Thema* in Heinrichs Gedanken. Gott ist plötzlich eine Kategorie neben anderen Kategorien wie der *freie Wille, das Gewissen, der Mensch* - ein Versatzstück in Heinrichs Welt*bild*. Gott wird seiner personalen Dimension beraubt. Heinrichs Interesse am Gottes*begriff* richtet sich auf dessen Rolle in einem *Abbild* von Welt. Gott wird zu einer deskriptiven Instanz.[20]

---

[18] ebd., S.705
[19] ebd., S.727
[20] Die Veränderung Gottes im Verlauf des Romans bis hin zu einem Begriff für Heinrichs Weltbeschreibung wird in dem folgenden Kapitel deutlicher ausgeführt, besonders in *Gott als Begriff*.

In Heinrichs vorletzter Etappe des Textes - der Grafenschloßepisode - kommt es zu einer letztmaligen Verschiebung innerhalb der Gebetssituation. Durch Geborgenheit, Hoffnung und Zuneigung der Stellvertreterfamilie bringt Heinrich die Kraft auf, selbst seine konventionalisierten, für den Alltagsgebrauch konditionierten Gebete zu hinterfragen - die rudimentären Ablagerungen des Gebets zu beseitigen. Die *Plausibilität* der feuerbachianischen Argumente des Grafen, die *Vitalität* einer gottlosen Dorothea und die *Vernunft* Heinrichs verdrängen Gott und stellen sich wirksam zwischen die Dialogpartner.

Gott kommt in den Gesprächen mit dem Grafen oder Dorothea lediglich im *Modus der Begriffe* oder im *Modus des Lachens* vor. Der Humor bietet eine rhetorische Sphäre, in der Gott thematisiert werden kann. Gleichzeitig zeigt die humoristische Distanz zum Gesprächsgegenstand die Entfernung zwischen Heinrich und Gott an. Gott wird durch den distanzierenden/disqualifizierenden Affekt des Lachens - des Aus-Lachens - ins Abseits gestellt und von einem vitalen impulsiven Körperausdruck verdrängt. An seine Stelle tritt die Lebendigkeit. Wolfgang Preisendanz: „Der Humor ist die einzige absolute Geburt des Lebens."[21]

„Ich habe, seit ich in ihrem Hause bin, wieder viel mit meiner Selbstsucht zu kämpfen, indem ich nach alter eingewurzelter Gewohnheit immer dem lieben Gott für das Gute danken möchte, das er mir erwiesen. Denn obschon ich mir schon seit längerer Zeit widerstand und meine kleinen persönlichen Erlebnisse nicht mehr einer unmittelbaren Lenkung Gottes zuschreiben mochte, so verlockt mich das, was mir hier geschah, dennoch immer wieder dazu, und ich muß manchmal lachen, wenn ich bedenke, welch ein lustiges und liebliches Schauspiel es für den guten weisen Gott sein muß, zu sehen, wie ein junger Mensch ihm gerne für etwas Gutes danken möchte und sich ganz ehrlich dagegen sperrt aus lauter Vernunftsmäßigkeit! Warum macht er sich aber auch so närrische Geschöpfe!"[22]

---

[21] nach Boeschenstein, S.99

[22] Keller, S.817 f. Die witzelnde Weise, in der Heinrich sein Verhältnis zu Gott und Gebet beschreibt, die blasphemische Selbstüberhöhung, sich im Gebetsvorgang mit Gottes Augen zu beobachten und dies als *lustiges liebliches Schauspiel* zu denken, bilden eine Gotteskarikatur. Sowohl das literarische Mittel des Humors wie auch das Motiv des Lachens im Text werden von Keller eingesetzt, um Gott zu *ver*lachen.
Das *Lachen* ist in Kellers Jahrhundert ein wirksamer Gottesvernichter. Von G. Büchner über H. Heine bis zu F. Nietzsche ist der Humor/das Lachen als atheistischer Impetus ein Topos. (Vgl. 'Die subversive Macht des Lachens' in dem Kap. *Atheismus* aus der vorangegangenen Analyse von Büchners *Lenz*-Novelle, S.26 ff. dieser Arbeit.) Je ein Beispiel: aus Büchners *Lenz* „ er schwur und lästerte. [...] der Himmel war ein dummes blaues Aug, und der Mond stand ganz lächerlich drin, einfältig. Lenz mußte laut lachen, und mit dem Lachen griff der Atheismus in ihn und faßte ihn ganz sicher und ruhig und fest." S.151; H. Heine aus seinen *Neuen Gedichten* die *Erleuchtung*: „Michel! fallen dir die Schuppen / von den Augen? Merkst du itzt, / Daß man dir die besten Suppen / Vor

Gott wird durch *den Menschen,*[23] die Liebe, die Hoffnung ersetzt. Gott ist/war Platzhalter für andere Begriffe der Zuversicht. Gott stirbt Heinrich voraus.[24]

Aber auch Gottes Ergänzungen bleiben für Heinrich farblos und unfruchtbar. Die Liebe ist eine einsame Liebe - *monologische* Liebe (wiederum gebraucht Keller die Figur einer Unterbrechung des Austauschs). Heinrich liebt 'Dort'chen einsam im Wald fern von ihr. Heinrich ist nicht am rechten Platz, nicht dort sondern weit weg. Er flieht vor Dortchens Nähe. Heinrichs Gottesersatz ist eine autoreflexive, intransitive Liebe - eine narzißtische Liebe, die sich und ihren Schmerz liebt - eine „Liebeskrankheit"[25] ganz im Gegensatz zu Dortchens von Gesundheit, Natur und Lebendigkeit strotzender Zuneigung. Gottfried Keller charakterisiert das Liebesverhältnis zwischen Dorothea und Heinrich durch zwei *gegenläufige Bewegungen* - Dortchens Hinwendung repulsiert mit Heinrichs Abwendung.

Obwohl Dorothea nicht mehr wie Judith und Anna nur die Projektionsfläche von Heinrichs Wünschen und Vorstellungen ist, obwohl zwischen ihnen ein gegenseiti-

---

dem Maule wegstibitzt? // Als Ersatz ward dir versprochen / Reinverklärte Himmelsfreud / Droben, wo die Engel kochen / Ohne Fleisch die Seligkeit! // Michel! wird dein Glaube schwächer / Oder stärker dein App'tit? / Du ergreifst den Lebensbecher / Und du singst ein Heidenlied! // Michel! fürchte nichts und labe / Schon hienieden deinen Wanst, / Später liegen wir im Grabe, / Wo du still verdauen kannst." S.294; *Also sprach Zarathustra* von F. Nietzsche: „Mit den alten Göttern ging es ja lange schon zu Ende: - und wahrlich, ein gutes fröhliches Götter-Ende hatten sie! / Sie 'dämmerten' sich nicht zu Tode - das lügt man wohl! Vielmehr: sie haben sich selber einmal zu Tode - *gelacht!* / Das geschah, als das gottloseste Wort von einem Gotte selber ausging - das Wort: 'Es ist *ein* Gott! du sollst keinen andern Gott haben neben mir!' - / - ein alter Grimm-Bart wurde, ein eifersüchtiger, vergaß sich also: - / Und alle Götter lachten damals und wackelten auf ihren Stühlen und riefen: 'Ist das nicht eben Göttlichkeit, daß es Götter, aber keinen Gott gibt?'" S.149.

In einer von Kellers eindrücklichsten und humoristischsten Kirchenkritiken *Das verlorne Lachen* wird jener Verlust des Lachens zum großen Teil einem institutionalisierten Gottesglauben angelastet.

[23] siehe das Kapitel *II. Wandlung: der Mensch/Ludwig Feuerbach*

[24] F. Nietzsche, *Menschliches, Allzumenschliches II* aus *Der Wanderer und sein Schatten*: „Der Schatz der deutschen Prosa. - Wenn man von Goethe's Schriften absieht und namentlich von Goethe's Unterhaltungen mit Eckermann, dem besten deutschen Buche, das es gibt: was bleibt eigentlich von der deutschen Prosa-Litteratur übrig, das es verdiente, wieder und wieder gelesen zu werden? Lichtenberg's Aphorismen, das erste Buch von Jung-Stilling's Lebensgeschichte, Adalbert Stifter's Nachsommer und Gottfried Keller's Leute von Seldwyla, - und damit wird es einstweilen am Ende sein." S.599. Nietzsches Gefallen und seine Wertschätzung gegenüber Kellers Prosa richten sich auf den humoristischen Gestus der Gottesüberwindung, die Entlarvung von erstarrten religiösen Ritualen, auf die Überwindung von Metaphysischem in seinen Erzählungen und das Motiv eines *fröhlich Gottlosen*.

[25] Keller, S.850

ger Liebesgruß ausgetauscht wird (vgl. die Rittergrabsequenz[26] und den Zettel im Zuckerwerk) - ein wechselseitiges Verständnis/Verstehen der Liebe des anderen wird aufgebracht - obwohl diese, eine diesseitige Liebe begünstigenden Bedingungen gegeben sind, geht diese Zuneigung nicht in das Leben ein. Sie wird in dem Medium des Traumes, der einsamen Waldmeditation und der Sehnsucht konserviert und mündet notwendig (in der Logik des Textes) in den Tod.

Obgleich Heinrich den *idealisierenden Liebesmodus* (Anna) und die *lebensverneinende Transzendenz* (Gott) überwunden hat, ist er weder bereit noch in der Lage, eine *gelebte Liebe* - eine *prozessuale Liebe* (im Gegensatz zu ihrem punktuellen gegenseitigen Liebesverständnis) - zu leisten. Statt dessen wird er in den Tod hinein *hoffen*. Heinrichs *Lieben* und *Hoffen* auf den letzten Seiten des Romans sind trotz Feuerbach-Aura kein diesseitiges in das Leben Eingreifen. Heinrich beschreitet in diesem 'Entwicklungsroman' - und das wird besonders anhand seiner Liebe zu Dorothea deutlich - keinen Lebensweg, sondern einen Todesweg. Liebe und Hoffnung sind *im Leben gescheitert*. Ihre gegenseitige Liebesbekundung ist eine *Offenbarung stellvertretend* für das Leben.

Die *Hoffnung* ist ein *Wort* in einem *Text* auf einem *Zettel* in der Hand des sterbenden Heinrichs. Die Distanzschritte - Wort, Zettel, Entfernung zu 'Dort'chen - sind in

---

[26] „Dame, s'il vous plaist, laissez cestuy cueur en repos!" [...] „Fräulein! hat es gesagt, wenn es Euch gefällt, so macht dies Herz zu Eurem Nadelkissen!" ebd., S.841 f. Diese gleichzeitige Liebesbekundung und Liebesaufforderung ist zweifach mediatisiert - zum einen in der Gestalt des *starren Rittersmannes* (Medium des Todes) und zum anderen in der *fremden Sprache* (Medium des geheimen Austauschs).

Die Übersetzung als verdeckter Liebesgruß, den nur der Adressat versteht, ist eine Motivwiederholung des Romans. Als die Töchter des Oheims Heinrich wegen seines schroffen Verhaltens gegen Anna tadeln und gleichzeitig der Liebe zu Anna mittels der von ihm angefertigten Malerei und seiner Liebeserklärung überführen wollen, greift er zu der List zu behaupten, die selbe sei eine Übersetzung aus einem Schäferroman. Diesmal hat er also aus dem Französischen ins Deutsche übersetzt. Durch die Behauptung der Übersetzung bleibt seine Liebeserklärung trotz der öffentlichen Verkündigung geheim - nur für Anna verständlich. „Nur Anna mußte wissen, daß die Erklärung doch ausschließlich an sie gerichtet war, weil sie allein an der Berufung auf das Grab der Großmutter erkennen konnte, daß Stoff und Datum neu waren. [...] So war nun der Inhalt des fliegenden Blattes doch noch an seine rechte Bestimmung gelangt", ebd., S.348 f.

Die gegenseitigen Referenzen zwischen Heinrichs Liebesverhältnis zu Anna und dem Liebesverhältnis zu Dorothea sind größer, als die Funktion der beiden unterschiedlichen Lieben im Handlungsverlauf nahelegt. Auch die Gegenläufigkeit von Hinwendung und Abwendung ist in dem Verhältnis zu Anna deutlich entwickelt. Das geht so weit, daß er sich vor einem kindlichen Standgericht wegen seines unhöflichen Verhaltens gegenüber Anna zu rechtfertigen hat. Je stärker Heinrichs Liebe für Anna ist, desto wortkarger wird er ihr gegenüber. Die Dialogfähigkeit Heinrichs steht also in einem umgekehrt proportionalen Verhältnis zur Absicht seines Wunsches nach Kontakt.

dem Bild des sterbenden Heinrichs überdeutlich. Heinrichs Hoffen hat für ihn keine *konkrete* Ausrichtung. Das/ein *unmittelbar erlebbares* Objekt seiner Sehnsucht gibt es für ihn nicht. Das letzte Bild vor dem *grünenden Grabhügel* ist der *Tod mit einer mediatisierten Hoffnung in der Hand.* Wenn diesen letzten Kapiteln des *Grünen Heinrich* ein Hoffnungspotential eingeschrieben ist, so ist es ein unfruchtbares eingeschlossenes in sich kreisendes Hoffen.

Heinrichs scheinbar gewachsene Liebesfähigkeit mündete abermals in eine *schmollende,* die lebendige Liebe (die durch Dortchen verkörpert ist) fliehende *Figur der Verneinung.*[27] Heinrichs Liebesverhalten ist eine dem *Liebes-Attraktor* transzen-

---

[27] Am deutlichsten hat Gottfried Keller die literarische Figur der *Liebesflucht* in der frühen *Seldwyler* Novelle *Pankraz der Schmoller* ausgearbeitet und in seiner humoristischen Tiefe ausgelotet. Die Konstellation der Mitspieler ist exakt die gleiche wie in der Grafenschloßepisode. Es gibt den Gouverneur, der Pankraz wohlgesonnen ist, ihn bei sich aufnimmt und ihm ein Stellvertretervater ist - Pankraz' Vater ist früh verstorben. Lydia, die Tochter des Gouverneurs - der ebenfalls alleine lebt - genießt die Freiheit einer Prinzessin und war zugleich eine „Person, die in ihren eigenen feinen Schuhen stand und ging"; S.28. In einer märchenhaften Umgebung bildet sich eine gegenseitige ausgewogene Zuneigung zwischen Pankraz und Lydia heraus, bei der alle Türen offen stehen. Doch je mehr sich diese zu einer Liebe entwickelt, wird Pankraz wortkarger, zurückweisender, schmollender. Er entzieht sich schließlich dem Kontakt. In der Novelle sind Pankraz' Ängstlichkeit, seine Launen und seine Rechtfertigungsausflüchte humoristisch verdichtet. Besonders aufschlußreich für die Referenz zur Liebeskonstellation zwischen Heinrich und Dorothea ist die Tatsache, daß sowohl ein ausgiebiger Liebesdialog zwischen beiden geführt wird (über fünf Seiten wird die Liebeserklärung beider im gegenseitigen Gespräch/Streit ausgeführt - es kommt also ebenfalls zu jenem gegenseitigen Verständnis) als auch, daß Pankraz deutlich das *notwendige* Scheitern der Liebe ausspricht (es ist ein Bestandteil der Liebesoffenbarung/des Liebesdialogs): „Denn Sie scheinen zu vergessen, daß dies Wohlgefallen sich jetzt notwendig in sein Gegenteil verkehren muß, zu meinen eigenen Schmerzen!"; S.46

Zwei weitere Motive, welche die Liebessituation von Heinrich und Dorothea charakterisierend anreichern, sind der Begriff der *Aussteuer* und das Bild des *Goldtopfs.* Heinrich wird in eine Welt aufgenommen, in der seine frühen künstlerischen Arbeiten wie für eine Aussteuer zurechtgestutzt werden: „Apollönchen schnitt, nach Dorotheas Anweisung, das graue Papier zurecht [...] und beide benahmen sich dabei, als ob sie Leinwand vor sich hätten und eine Aussteuer zuschnitten." Keller, S.781. Die *Aussteuer* ist ein Topos aus den *Leuten von Seldwyla,* der eindeutig mit Merkmalen des Scheiterns und der Falschheit von Liebe belegt ist. Zwei Beispiele sind *Die drei gerechten Kammacher* und *Der Schmied seines Glückes.*

Der schwere Becher mit Gold, den Heinrich von dem Trödlermännchen in der Grafenschloßepisode erbt, erinnert stark an die zehntausend Goldgülden aus *Spiegel, das Kätzchen,* die gleich zwei Paare ins Verderben stürzen und deren Motiv und Geschichte eine Parabel für den todbringenden/unglückbringenden Zusammenhang von Liebe und Gold darstellen.

Die märchenhafte Stimmung, die vielen zaghaften Referenzen zu den *Seldwyler* Novellen, in denen die jeweiligen Merkmale der Lieben novellistisch zugespitzt und mit ihren Folgen ausformuliert sind, die für den Roman untypische Geschwindigkeit der Grafenschloßepisode, in sich das Geschehen durch Wunder, Glücksfälle und den zauberhaften Umschwung in Heinrichs Lebenssituation überschlägt, machen diese letzten Kapitel zu einer außergewöhnlichen Textsorte im gesamten Textzusammenhang des Romanes. Diese Heraushebung der Grafenschloßepisode transformiert auch ihre Inhalte in einen sagenumwobenen Wirklichkeitsmodus des Traumes, des

dierend (Tod/Hoffnung) ausweichende *Bewegung im Kreis*.[28] Heinrich kommt nur eine Spiralwindung weiter.

Wie das Schlüsselblümchen zu Beginn von Heinrichs Weg nicht aus dem Wasserstrudel heraus kommt, wie Heinrich im Spinnennetz seines Strichlabyrinths gefangen ist, so verkümmert seine Gesprächssituation mit Gott und mit dessen Varianten zum *Selbstgespräch*.

> Er fing an, sich zu vergessen und sich nicht mehr zu beherrschen; bisher hatte er, als ein wohlgeschlossener junger Mensch, noch nie laut gedacht oder vor sich hingesprochen; jetzt zwitscherte und flüsterte er unaufhörlich, wo er ging und stand, und als er dies endlich entdeckte, war es ihm schon zur unentbehrlichen Gewohnheit geworden und schaffte ihm einige Erleichterung, weil die stille Luft wenigstens seine Gedanken hören konnte, da sonst *niemand auf der Welt dieselben zu ahnen und zu erraten* schien.[29] [Hervh. F.S.]

II. Wandlung

Gottesmetamorphosen

Die These, welche anhand des zweiten Schwerpunktes entwickelt werden soll, lautet: innerhalb des Textverlaufes im *Grünen Heinrich* ergibt sich ein *sich ständig wandelndes Gottesbild*. Insofern ist Gott auch eher als jeweiliges Gottes*bild* (im wörtlichen Sinne) präsent, denn als Gott. So wie Heinrich unterschiedliche Phasen seines künstlerischen Schaffens aufweist, so malt er sich auch seine unterschiedlichen Gottesbilder und umgekehrt, gemäß seiner Gottesauffassung fallen auch seine Bilder

---

Wunsches, des Scheins. Die Liebe zwischen Heinrich und Dorothea ist durch *Konnotate des Märchenhaften* und den *Gestus der Zwei Königskinder* beschrieben.

[28]Das *Motiv der Kreisbewegung* ist ein zentrales Motiv des Romans. Es wird durch das sich im Wirbel des Wasserstrahls windende Schlüsselblümchen im ersten Kapitel (S.19) eingeführt und wiederholt sich in unterschiedlichsten Motivvarianten regelmäßig. *Der grüne Heinrich* kann als Roman eines unaufhaltsamen Kreisens gelesen werden.

[29]Keller, S.828

(oder auch die Ergebnisse seiner anderen Ausdrucksmittel) aus. Das, was all diesen Bildern gemein ist (um in dieser Metapher zu bleiben), ist der Rahmen und die Leinwand. Gott ist ein Freiraum, der von Heinrich gemäß seines jeweiligen Entwicklungsstandes ganz unterschiedlich ausgefüllt/bebildert wird - oder leer bleibt.

Das Gottesbild kann sich aber auch innerhalb kürzester Zeit - augenblicklich - wandeln/entwickeln/fortschreiben. Es nimmt Konturen an, verflüssigt sich, es läßt Konstellationen aus unterschiedlichen Motiven entstehen oder trocknet aus, so wie Heinrich auch während des Zeichnens und Malens radiert, übermalt und den Bildaufbau korrigiert. Auch der grüne Heinrich malt sich seinen Gott.[30] Der Roman ist die Darstellung des kühnen Unterfangens, ein adäquates Gottesbild zustande zu bekommen. „Er will an Gott nicht nur glauben müssen, sondern ihn auch schauen können, und alle seine Glaubensmühen kommen letztlich daher, daß die Alltäglichkeit seiner religiösen Phantasie nicht Genüge tut."[31]

Gott hat viele Gesichter/Masken, er wird von unterschiedlichen *Figuren* des Romans partiell oder vorübergehend besetzt, oder *Anschauungen* und *Begriffe* füllen ihn aus. Kontextuelle Synonyme für Gott sind die Natur,[32] die Kunst,[33] Herz,[34] Liebe, Leidenschaft, Weiblichkeit, Anna[35] und der Vater oder die Wahrheit,[36] das Gewissen,[37] der Mensch, die Welt und die Unsterblichkeit der Gedanken oder das Auge.

Eine sehr anschauliche Textstelle für die Bildung und Formung der Gestalt Gottes ist das folgende Beispiel. Gott durchläuft in kürzester Zeit unterschiedliche *Metamorphosestadien*, die alle im Romanverlauf weiterhin ihre Spuren aufweisen werden. Gott ist hier noch aus einem ganz flexiblen Material. Äußere Wahrnehmungen fließen direkt in ihn ein, und einprägsame Erlebnisse/Ereignisse hinterlassen einen Abdruck - Einflüsse und Eindrücke des kleinen Heinrich sind also noch sehr viel wörtlicher zu verstehen.

Eine Folie, auf der hier Gott entworfen wird, wird wieder von dem Verhältnis zwischen Gott und *Name*, Gott und *Wort* begrenzt.

---

[30] in Anlehnung an die Feuerbachmaxime, siehe *der Mensch/Ludwig Feuerbach*
[31] Boeschenstein, S.36
[32] nur als *ein* Bsp.: Keller, S.48
[33] ebd., S.635
[34] ebd., S.33
[35] ebd., S.294
[36] ebd., S.518 und S.646
[37] ebd., S.815-820

Hinter diesen Dächern war für einmal meine Welt zu Ende; denn den duftigen Kranz von Schneegebirgen, welcher hinter den letzten Dachfirsten halb sichtbar ist, hielt ich, da ich ihn nicht mit der festen Erde verbunden sah, lange Zeit für eins mit den Wolken. [...] für jetzt aber konnte mir die Mutter lang sagen, das seien große Berge und mächtige *Zeugen* von Gottes Allmacht, ich konnte und mochte sie darum nicht von den Wolken unterscheiden, deren Ziehen und Wechseln mich am Abend fast ausschließlich beschäftigte, deren *Name* aber ebenso ein leerer Schall für mich war wie das *Wort Berg*. [... ich] pflegte auch andere Dinge mit dem Namen Wolke oder Berg zu belegen, wenn sie mir Achtung und Neugierde einflößten. So nannte ich, ich höre das *Wort* noch schwach in meinen Ohren klingen und man hat es mir nachher oft erzählt, die erste weibliche Gestalt, welche mir wohlgefiel und ein Mädchen aus der Nachbarschaft war, die weiße Wolke [...] Mit mehr Richtigkeit nannte ich vorzugsweise ein langes hohes Kirchendach [...] Berg. [...] Wenn in der Dämmerung das Glöckchen läutete, so sprach meine Mutter von Gott und lehrte mich beten; ich fragte: Was ist Gott? ist es ein Mann? und sie antwortete: Nein, Gott ist ein Geist! Das Kirchendach versank nach und nach in grauen Schatten, das Licht klomm an dem Türmchen hinauf, bis es zuletzt nur noch auf dem goldenen Wetterhahne funkelte, und eines Abends fand ich mich plötzlich des bestimmten Glaubens, daß dieser Hahn Gott sei. [...] Als ich aber einst ein Bilderbuch bekam, in dem ein prächtig gefärbter Tiger[38] ansehnlich dasitzend abgebildet war, ging meine Vorstellung von Gott allmählich auf diesen über [...] Es waren ganz innerliche Anschauungen, und nur wenn der *Name* Gottes genannt wurde, so schwebte mir erst der glänzende Vogel und nachher der schöne Tiger vor. Allmählich *mischte* sich zwar nicht ein klareres *Bild*, aber ein edlerer *Begriff* in meine Gedanken. Ich betete mein Vaterunser [...] Aus diesem Gebete hatte sich eine Ahnung in mir niedergeschlagen, daß Gott ein Wesen sein müsse, mit welchem sich allenfalls ein *vernünftiges Wort sprechen* ließe, eher als mit jenen Tiergestalten.

So lebte ich in einem unschuldig vergnüglichen Verhältnisse mit dem höchsten Wesen, ich kannte keine Bedürfnisse und keine Dankbarkeit, kein Recht und kein Unrecht, und ließ Gott einen herzlich guten *Mann* sein, wenn meine Aufmerksamkeit von ihm abgezogen wurde.[39] [Hervorh. F.S.]

Sehr überzeugend exemplifiziert dieses Zitat Gottes sukzessives Durchschreiten einzelner Entwicklungsstufen in der Phantasie des Kindes. Die Bezeichnung *Entwicklungsroman* leistet mehr in ihrer Anwendung auf Gott, als auf Heinrich. Die

---

[38] Im Erscheinungsjahr des *Grünen Heinrich* wird das Motiv des *prächtig gefärbten Tigers* in der Abwandlung des *ungewöhnlich großen Löwen* in die Darstellung der Überwindung von Pankraz' Schmollen eingearbeitet. Die unerfüllte Liebe zu Lydia und seine Züchtigung durch den Löwen heilen ihn vom Schmollen. „Die Moral von der Geschichte sei einfach, daß er in der Fremde durch ein Weib und ein wildes Tier von der Unart des Schmollens entwöhnt worden sei." S.58. Der Löwe ist Pankraz ein Lehrer. Er lehrt ihn Achtung und Demut. „'Dies ist', sagte Pankraz, seinen Fuß auf das Fell stoßend, 'vor drei Monaten noch ein lebendiger Löwe gewesen, den ich getötet habe. Dieser Bursche war mein Lehrer und Bekehrer und hat mir zwölf Stunden lang so eindringlich gepredigt, daß ich armer Kerl endlich von allem Schmollen und Bössein für immer geheilt wurde." S.18. Pankraz lernt von ihm und tötet ihn. In dieser Verbindung von Lernen *und* Überwinden konstituiert sich das Löwenmotiv. Tiger und Gott haben eine ähnliche Geschichte im *Grünen Heinrich*.
[39] Keller, S.77 ff.

lineare Bewegung ist die Figur für Gott und die *Kreisbewegung* die Figur für Heinrich in diesem 'Entwicklungsroman'.

Nackte Weiblichkeit

Das Motiv des *im Abendrot geschauten Gottes* wird an einer anderen Stelle des Romans wieder aufgerufen. Der „weiße Raum ihrer Brust" der Gretchendarstellerin wird mit dem „glänzenden Feld des Abendrotes" überblendet. Die Motivkette: *Weibliche Körperlichkeit*,[40] die *weiße Wolke*, *Erotik/Leidenschaft* wird unmittelbar an das *Motiv Gott* angeschlossen.

Im Zusammenhang mit den ersten eigenen schauspielerischen Verwandlungen von Heinrich (in dem Komödienfaß[41] und daran anschließend in dem wandernden Künstlerverein) wird er als Meerkatze - erst „in das Lesen der Rollen versenkt"[42], dann in den „Seltsamkeiten dieser [Theater-, F.S.] Räume"[43] wandelnd - einem *leibhaftigen* Gretchen begegnen und sich im *Raum ihrer Brust* verlieren. Nachdem auch Heinrich seiner Masken entledigt ist, kommt es zu jenem erotischen Abenteuer/zu jener geschauten Begegnung, in der sowohl die Judithbadeszene als auch der Liebesgruß zwischen ihm und Dorothea (Motiv des *starren Rittersmannes*[44]) vor-

---

[40] Obgleich es in *Nackte Weiblichkeit* vorrangig um die Schauspielerin der Gretchenrolle und deren Bezüge zu Judith und Dorothea gehen wird, soll nicht versäumt werden, an jene literarische Figur zu erinnern, die das motivische Feld der nackten Weiblichkeit in dem Roman eröffnet - das Meretlein. Die semantischen Merkmale des Motivs der weiblichen Körperlichkeit haben in der Beschreibung des Meretleins eine anschauliche Dichte - fast eine emblematische Plausibilität: Nacktheit, Sonne, offenes Haar, Kranz auf dem Kopf, Scherpen um den Leib, Nahrung aus dem Wald - ohne Scham vor der Natur - bis hin zur Scham vor dem von der Natur entfremdeten Blick. „Vorgestern ist uns die kleine Meret desertiret und haben wir große Angst empfunden, bis daß sie heute Mittag um 12 Uhr zu obrist auf dem Buchberge ausgespüret wurde, wo sie entkleidet auf ihrem Bußhabit an der Sonne saß und sich baß wärmete. Sie hatt' ihr Haar ganz aufgeflochten und ein Kränzlein von Buchenlaub darauff gesetzet, so wie ein dito Scherpen um den Leib gehenkt, auch ein Quantum schöner Erdbeeren vor sich liegen gehabt, von denen sie ganz voll und rundlich gegessen war. Als sie unser ansichtig ward, wollte sie wiederum Reißaus nemen, schämete sich aber ihrer Blöße." ebd., S.94
[41] ebd., S.141
[42] ebd., S.148
[43] ebd., S.149
[44] „Somit entschliefen wir und glichen in unserer Lage nicht übel jenen alten Grabmälern, auf welchen ein steinerner Ritter ausgestreckt liegt mit einem treuen Hunde zu Füßen. Nur lag hier anstatt des starren Ritters ein lebendiges, leicht atmendes Weib und an der Stelle des Hundes ein Knabe, dem in Kopf und Herz das frühe Leben zu rumoren begann." ebd., S.151

weggenommen werden. Die Begegnung zwischen Heinrich und der Schauspielerin besteht darin, daß er ihre Physiognomie - „sie hatte ein weißes Nachtkleid umgeschlagen, Hals und Schultern waren entblößt und gaben einen milden Schein, wie nächtlicher Schnee"[45] - mit den *Augen* erlebt.

Der partiell *nackte Körper* der Schauspielerin (als abgeschwächte Motivvorwegnahme der Judithbadeszene) und das Motiv der *weiblichen Brust*[46] (ebenfalls als motivische Antizipation des Verhältnisses zwischen Heinrich und Judith) skizzieren die Umrisse für ein den Text bestimmendes Weiblichkeitsbild.

Weiblichkeitsbild und Gottesbild gehen in dem folgenden Textbeispiel ineinander über. Weiblichkeit und Gott sind als *Bild* oder *Chiffre* in einer Motivüberlagerung in den Textzusammenhang eingearbeitet bzw. zu lesen (nicht etwa als begehrtes Liebesobjekt oder gelebter erfahrener Gott) - also als, wie Boeschenstein sagte, *geschauter* Gott und als *imaginierte* Weiblichkeit.

So wird das sehr frühe Stadium der Gottesmetamorphose des eben zitierten Beispieles - der Gott im Abendrot - im Roman wieder aufgenommen und in eine andere Richtung weiter entwickelt. Die Leerstelle Gottes, die von der *weißen Wolke* belegt war, wird nun von einer neuen Motivvariante/einer anderen Figur des Romans/einem erinnerten Eindruck nackter Weiblichkeit ausgefüllt. Der *weibliche Körper* und Gott sind in einer Bildkontamination aufgehoben.

> [...] „Ja!" sagte ich, indem meine Augen fortwährend auf dem weißen Raume ihrer Brust hafteten und mein Herz zum ersten Male wieder so andächtig erfreut war wie einst, wenn ich in das glänzende Feld des Abendrotes geschaut und den lieben Gott darin geahnt hatte. Dann betrachtete ich in vollkommener Ruhe ihr schönes Gesicht und gab mich unbefangen dem süßen Eindrucke ihres reizenden Mundes hin. Sie sah mich eine Weile still und ernsthaft an, dann sprach sie: „Mich dünkt, du bist ein feiner Junge; doch wenn du einst groß sein wirst, so wirst du ein Lümmel sein, wie Alle!" Und hiemit schloß sie mich an sich und küßte mich mehrere Male auf meinen Mund, der nur da-

---

[45] ebd., S.150
[46] Die *weibliche Brust* ist ein konstitutives Motiv/Zeichen des Romans. Ein Beispiel für das Zusammenspiel von visuellem Wahrnehmen und gedanklichem Deuten der *Brust* - Heinrich formuliert, was ihm Judiths Brust *bedeutet* - ist das folgende Zitat: „meine Augen ruhten dabei auf der Höhe der Brust, welche still und groß aus dem frischen Linnen emporstieg und in unmittelbarster Nähe vor meinem Blicke glänzte wie die ewige Heimat des Glückes. Judith wußte nicht, oder wenigstens nicht recht, daß es jetzt an ihrer eigenen Brust still und klug, traurig und doch glückselig zu sein war. Es dünkt mich, die Ruhe an der Brust einer schönen Frau sei der einzige und wahre irdische Lohn für die Mühe des Helden jeder Art und für alles Dulden des Mannes und mehr wert als Gold, Lorbeer und Wein zusammen." ebd., S.430 f. Diese vom Text selbst gelieferte Deutung des Motivs der *körperlichen Weiblichkeit* ist als semantischer Gehalt in jedem Zeichen dieses Motivfeldes als eine Bedeutungsschicht mit enthalten.

durch leise bewegt wurde, daß ich heimlich, von ihren Küssen unterbrochen, ein herzliches Dankgebet an Gott richtete für das herrliche Abenteuer.[47]

Ebenso wie die *weiße Brust* und *Gott* ineinander spielen, so sind auch das *Küssen*, die körperliche Liebkosung, und das *Gebet*, die verbalisierte Kontaktaufnahme mit Gott, ineinander geschoben. Die Bewegungen von Heinrichs Mund während des Küssens sind dem Formen von Wörtern für seinen Gott geschuldet. Das Lippenspiel Heinrichs ist gleichzeitig das erotische Abenteuer mit einer Frau und eine Hingabe an Gott/eine Nähe zu Gott. Die Verschmelzung von Weiblichkeits*bild* und Gottes*bild* ist also noch einmal analog mit der Verschmelzung des *taktilen Kontakts* mit einem Körper und dem *sprachlichen Kontakt* mit Gott gedoppelt.

Das in dem Roman gezeichnete *Bild* der Weiblichkeit ist nicht eingeschränkt durch Zweidimensionalität. Es ist Gestalt, Figur und vor allen Dingen ein plastisch phantasierendes Bild*en* (beachte die Raummetaphorik). Gott wird ein Körper verliehen - die Leerstelle Gott wird mit dem weiblichen Körper besetzt. Die *Weibliche Brust* ist die exponierte Chiffre für jene Metaphorik, die *Skulptur* ihr Formprinzip (besonders deutlich in der Judithbadeszene), und Heinrichs Blick ist ein *Abtasten mit den Augen*.

Diese Beziehung zwischen dem semantischen Feld um Gott und einem anderen semantischen Feld - in diesem Fall dem der Weiblichkeit - ist paradigmatisch für die innerhalb des Textverlaufes kurz aufscheinende motivische Synonymie zwischen Gott und einem anderen Motiv. Diese Allianzen sind instabil und zerfallen sehr schnell wieder, um neue Verbindungen einzugehen. Jede dieser Verbindungen hinterläßt jedoch einen Rest in den sich wieder vereinzelnden Motiven. Und so *bildet* sich die Textur des Romans.

Gott als Ideal/körperlose Liebe

Der liebe Gott verknüpft sich aber nicht nur mit der Motivik der *körperlichen/vitalisierten Weiblichkeit*, die sich um die Figuren: Dorothea, Judith (ihrer abgeschwächten Variante: der Schauspielerin) und dem Meretlein bildet. Er ist auch mit einem diesen Entsprechungen der Weiblichkeit diametral entgegengesetzten

---

[47]ebd., S.151

Liebesmodus kompatibel. Anna figuriert jene andere Form der Zuneigung - der *körperlosen/metaphysischen Liebe* - durch die Gott durchscheint, in der Heinrich Gott erscheint.

> Daß aber das Heulen mit den Wölfen mir nicht Schaden tat, wie ich glaube, verhütete der freundliche *Stern Anna*, der immer in meiner *Seele* aufging, sobald ich in dem Hause meiner Mutter oder auf einsamen Gängen wieder allein war. An sie *knüpfte* ich alles, wessen ich über den Tag hinaus bedurfte, und sie war das *stille Licht*, welches das *verdunkelte Herz* jeden Abend *erleuchtete*, wenn die *rote Sonne niederging*, und in der *erhellten Brust* wurde mir dann immer auch unser guter Freund, der liebe Gott, *sichtbar*, der um diese Zeit mit erhöhter *Klarheit*[48] begann, seine hochherrlichen und ewigen Rechte auch an mir geltend zu machen.[49] [Hervorh. F.S.]

Drei Merkmale dieses Textbeispiels sind besonders aufschlußreich für die Charakterisierung der Liebe zwischen Heinrich und Anna. Sie seien hier nur kurz aufgeführt, um den Raum der Motivwelt, die sich um Anna ergibt, zu eröffnen. Das erste Merkmal liefert eine Benennung der Art und Weise der *Verbindung von Ikone und Erlebnis* (Anna erfüllt in diesem Fall die Funktion der Ikone), die zweite literarische Besonderheit ist die deutliche und komprimierte *Metaphorisierung der Liebesart* (zwischen Heinrich und Anna), und drittens enthält das Zitat eine eindeutige *Motivüberlagerung von Anna und Gott*.

Die Beziehung zwischen Anna (Stern, Licht, Metaphysik) und Welt (Alltag, Erlebnisse, Umwelt) vollzieht Heinrich durch ein *Anknüpfen*. Anna wird an Heinrichs Tageserlebnisse angeknüpft. Sie erfüllt eine ganz bestimmte Funktion in der Spanne zwischen Gott-/Weltdeutung und Bewältigung des Alltagslebens. (Man beachte die Parallele zur Funktion Gottes für Heinrichs Kunstproduktion!) Diese Art der Verbindung - die Funktion/Möglichkeit des Anknüpfens zwischen Ikone und einer anderen Größe - charakterisiert sowohl ihre Beziehungen untereinander als auch die Ikone (Gottesbild, Annabild etc.) selbst.

Die *Lichtmetaphorik*, mit der Anna bestimmt wird, ist bezeichnend für den Liebes- und Gottesmodus, für den Anna hier steht (ganz im Ggs. zu Judith, Dorothea etc.). Der Vorrang des *distanzierten Sehsinns* in den Beschreibungen von Anna ist beispielhaft. Sie wird in einen distanzierten, erhobenen, lichten Raum gestellt. Das

---

[48]*Helligkeit, Reinheit, Glanz* (Stern) sind innerhalb der Wortgeschichte von *Klarheit* Mitte des 19. Jahrhunderts wesentlich präsenter in dem Wort enthalten als am Ende des 20. Jahrhunderts, in dem *Klarheit* von Konnotaten im Sinne von Erklären, Aufklären, deutlich Aufzeigen etc. bestimmt ist.
[49]ebd., S.297

Liebesobjekt Anna *muß* so weit entfernt sein wie ein Stern am Himmel. Das Licht überwindet diese Entfernung, bei der jede Berührung unmöglich ist. Anna wird in ein außerweltliches, himmlisches, göttliches Licht getaucht. Nicht die Leiblichkeit, sondern die *Seele* ist der immaterielle Raum, in dem diese Liebe deponiert ist - ein Raum *ohne* körperliche Dimensionen.

Mittels jener leuchtenden Anna vollzieht sich ein *Offenbarungsakt Gottes im Lichte Annas*. Heinrichs *verdunkeltes Herz* wird durch Anna *erleuchtet,* und in dieser vom Annastern *erleuchteten Brust* zeigt sich Gott. Ein *Offenbarungsakt Gottes* vollzieht sich also im visuellen Medium Anna für Heinrichs Gottesschau.

Die Liebe zu Anna läßt sich besonders gut in Opposition zur Liebe gegenüber Judith verdeutlichen (und umgekehrt). *Judith* aus dem apokryphen *Judithbuch* des *Alten Testaments* war eine *für das Leben Tötende.* Ihre Bildwelt ergibt sich aus Körpern - Bejahung/Verneinung von Körpern. Judith ist eine körperlich *Schenkende* (auch im bewußten Gegensatz zu Heinrichs Mutter[50]). Judith steht in der Bildtradition von *Eva* (Kellers Paradiesmetaphorik ist überdeutlich: Garten, Äpfel, Milch, Verführung etc.).

Die *Heilige Anna* aus dem *Protoevangelium des Jakobus* stellt den diametralen Gegenentwurf zu *Judith* dar. Sie ist der Inbegriff/die Schöpferin eines die Physiologie des Körpers verneinenden Wunders - die *Mutter der Gottesgebärerin.*[51]

Maria, ihre Tochter, birgt in sich die Anlage für das Wunder - die Zeugung des Sohnes des *Herrn.*[52] Die Zeugung des Erlösers/des Heilands vollzieht sich durch den *Heiligen Geist* im *Medium Maria* - nicht durch ihren Körper. Der Liebesmodus, der sich um die Figuren *Anna, Maria, Jesus* konstituiert, ist charakterisiert durch Reinheit, Unschuld, Opfer. Er ist von Körpern unbefleckt. Die Berührung ist in dieser

---

[50]Es sei beispielsweise an das eindrückliche Bild des verborgenen Wachses im Schrank der Mutter erinnert, aus dem Heinrich sein Fortpflanzungsmaterial für die Embryonen und Föten für seine Sammlung von einbalsamierten Spielgefährten heimlich entwendet.

[51]nach Hümmler, S.369. *Mütterlichkeit* und *Reinheit* nehmen in der *Heiligen Anna* ein sich gegenseitig bedingendes Verhältnis ein. Sie sind die beiden untrennbaren Seiten einer Medaille/einer Seele. In Kellers Roman sind Mütterlichkeit und Reinheit in zwei Personen repräsentiert, ohne jedoch diese Allianz aufzugeben. Heinrichs Mutter und Anna konstituieren gemeinsam *ein* Motiv. Sie determinieren in ihrer gegenseitigen Referenz *einen* Liebesmodus. Sie erstellen in wechselseitiger Ergänzung *ein* Gottesbild. Hümmlers Charakterisierung der *Heiligen Anna*: „die Mütterlichkeit, die sich selbst vergißt und in jedem Kinde Gottes Geschenk [...] sieht" (S.369) läßt sich als Zusammenfassung der von Gottfried Keller geschaffenen Mutter lesen.

[52]Anna (und auch Heinrichs Mutter) schließen in der Logik des Textes ausnahmslos an einen männlich konnotierten Gott (Gott-Vater) an. Die Körperverneinung und ein männlicher Gott sind in Anna (und ebenso in Heinrichs Mutter) gleichzeitig figuriert.

Liebe kategorisch ausgeschlossen. Die Liebe überwindet die empirische Welt, die sinnliche Welt, die Welt der Körper.

So wie die *Heilige Schrift* und die Kirche eine Liebe zu Jesus fordern - Jesus der *stellvertretend* Leidende, der liebend sich Opfernde, der Überwinder des eigenen Körpers für ein *körperloses* ewiges *Leben* (Körperwerdung Gottes, körperliches Leiden, Aufgabe des Körpers) - so ist Gottfried Kellers Anna die Verbildlichung einer Todestendenz in der Welt der Körper, die in Heinrich eine ebenso strenge Liebe und Hingabe einklagt.

Judith (Jakobusevangelium) tötet, und Anna (Gottfried Keller) stirbt.[53]

Heinrichs Liebe zu Anna ist eine *transzendent nekrophile* Ausrichtung seiner eigenen Person. Die Figur Anna ist ein Todesmotiv des Romans.

Belege für die nekrophile Tendenz in dem Verhältnis zwischen Heinrich und Anna bzw. für die Todeskonnotate ihrer Liebe sind in Fülle anhand des Textes nachweisbar. Ihre erste zärtliche Nähe entsteht in einer Atmosphäre des Todes, auf dem Friedhof am Grab der gerade verstorbenen Großmutter.[54] Die Umgebung des Todes bringt die erste körperliche Zuneigung zweier die Liebe entdeckender junger Menschen hervor.

Ihre zweite Liebkosung vollzieht sich ebenfalls in einer Welt, der wirklich lebenden Menschen enthoben - im Medium des Theaters. Die Rollen bemächtigen sich der

---

[53] Die christlich ikonographische Genese der Motivik Annas und Judiths unterstreicht den Wesensunterschied beider auf der Ebene einer bildlichen Plausibilität. Anna ist meist als Matrone dargestellt, mit Kopftuch oder Haube, in einen grünen Mantel und ein rotes Kleid gehüllt, mit dem Alten Testament versehen und/oder eingebunden in das Ereignis der *Begegnung mit Joachim an der goldenen Pforte von Jerusalem*. Judith wird besonders im 16. Jh. gern als Akt dargestellt, das Haupt Holophernes' thront auf den Mauern über der Stadt oder in ihrer Hand als ihre Trophäe, und *sein* Schwert ist als Zeichen *ihrer* Tat oft anwesend. Besonders kontrastiv sind Annas Hüllen zu Judiths Entblößungen - auch im Gestus ihrer Bewegungen und Haltungen, (insbesondere in bezug auf die Anordnung innerhalb der Gruppe oder des Bildaufbaus); Anna: harmonisch, friedlich, *verschlossen*; Judith: aufbegehrend, tätig, *offen*.

[54] „Als wir auf den Kirchhof kamen, lag das frische Grab einsam und schweigend, vom aufgehenden goldfarbenen Monde bestreift. Wir standen vor dem braunen, nach feuchter Erde duftenden Hügel und hielten uns umfangen, zwei Nachtfalter flatterten durch die Büsche, die vielen Blüten gaben einen mächtigen Duft und Anna atmete erst jetzt schnell und stark. [...] da flüsterte sie, sie möchte mir jetzt etwas sagen, aber ich müßte sie nicht auslachen und es verschweigen, Ich fragte: Was? und sie sagte, sie wolle mir jetzt den Kuß geben, den sie mir von jenem Abend her schuldig sei. Ich hatte mich schon zu ihr geneigt und wir küßten uns zwei oder drei Mal, aber höchst ungeschickt, wir schämten uns, eilten zum Grabe, Anna warf die Blumenlast darauf hin, wir fielen uns um den Hals und küßten uns eine Viertelstunde lang unaufhörlich, zuletzt ganz vollendet und schulgerecht." Keller, S.281 f.

Personen und schaffen eine entkörperlichte Wirklichkeit - wie im Traum.[55] Heinrich selbst wird es bewußt, daß ihre „Küsse in den seltsamen Kleidern wohnten"[56], nicht etwa in ihrem körperlichen Begehren. Und im Vergleich der Küsse von Anna und Judith verbannt er seine körperliche Empfindung zu Anna ins Reich der Metaphern. „Als ich Anna geküßt, war es gewesen, als ob mein Mund eine wirkliche Rose berührt hätte; jetzt aber küßte ich eben einen heißen, leibhaften Mund ..."[57]

Das *Spiegelmotiv*, das vielfach auf Anna[58] angewandt wird, ist ein Musterbeispiel für den Topos *Körperverneinung*. Anna wird ihrer körperlichen Dimension beraubt und erscheint als flächiges Abbild (beispielsweise wenn Heinrich sie lieber aus der Phantasie heraus malt, als mit ihr zusammen zu sein) oder als wirkliches Spiegelbild im See.

> Wir setzten uns an den Rand des Teiches; Anna flocht einen feinen Kranz aus den kleinen vornehmen Waldblumen und setzte ihn auf. Nun sah sie ganz aus wie ein holdseliges Märchen, aus der tiefen, dunkelgrünen Flut schaute ihr Bild lächelnd herauf, das weiß und rote Gesicht wie durch ein dunkles Glas fabelhaft überschattet.[59]

Das Spiegelmotiv hat mehrere Funktionen in der Charakterisierung des Verhältnisses zwischen Heinrich und Anna. Es ist ein wirksames Bild für die *Unerreichbarkeit* des Liebesobjektes. Die Liebe zu Anna wird durch den virtuellen Raum, der im Spiegel entsteht, *mediatisiert* und dadurch in den Bereich des Unwirklichen gestellt - „wie ein holdseliges Märchen." Durch die Ausschließlichkeit des Zugangs zum Liebesobjekt durch den *Sehsinn* wird ein Berühren oder körperliches Entgegenkommen (Beflecken) ausgeschlossen. *Reinheit* ist Annas signifikantestes Merkmal. „Es wird immer ihr Ehrentitel bleiben, Mutter der Allerreinsten zu sein"[60] heißt es in Hümm-

---

[55] „Aber es war uns nur, als ob wir im Traume in einen geträumten Traum träten, als wir auf einer Fähre über den Fluß fuhren, die durchsichtig grünen Wellen sich rauschend am Schiff brachen und unter uns wegzogen, während wir doch auf Pferden saßen ..." ebd., S.412. Die gleichzeitig pleonastische und alliterierende Form der Thematisierung des Traumes - *im Traum in einen geträumten Traum träten* - wiederholt in den literarischen Mitteln den Inhalt der Beschreibung - die Überwindung einer Welt der Kohärenz und Stringenz zu Gunsten einer Welt der Ästhetik und des Scheins.
[56] ebd., S.416
[57] ebd., S.434
[58] Der Name selbst birgt in sich das verborgene Zeichen des Spiegels.
[59] ebd., S.271
[60] Hümmler, S.368. Der notwendige Zusammenhang von *Reinheit* und *Tod* bei Anna und gleichzeitig die Abgrenzung zu der konträren Figuration des Meretleins ist bei Gerhard Kaiser in zwei Sätzen ausgesprochen: „ ... das arme Meretlein, das zu Tode kommen mußte, weil es ganz leben wollte. Anna mußte sterben, weil sie ganz Reinheit sein will." Kaiser, S.103

lers Beschreibung der *Heiligen Anna*. Heinrichs Lieben wird als ein *autoreflexives* Lieben (wie in der Liebe zu Dorothea, siehe *Das Schweigen Gottes*) charakterisiert - sein Blick und der Umweg seines Blickes sind in dem Spiegelmotiv deutlicher thematisiert als das Spiegelbild selbst.

Heinrichs Zuneigung zu Anna richtet sich im dritten Band des Romans auf einen kranken, sterbenden Körper. Sie erreicht im Moment des Todes ihren Höhepunkt. Unsterblichkeit der Seele, die gemeinsame Liebe im Jenseits, Ewigkeit, Treue (nicht etwa bis in den Tod, sondern seit dem Tod) sind die Attribute dieser Zweisamkeit/Einsamkeit. Der Zeitpunkt des Todes von Anna[61] markiert die Erfüllung von Heinrichs Liebeshoffnung. Der Tod schafft jene sakrale Sphäre, in der sich Heinrich sein Annabild - gottgleich - erstellt. Dieses Bild leuchtet in die Zukunft.

Heinrich versäumt nicht dieses Bild einzurahmen, hinter Glas zu fixieren und zu schützen. Abermals wird die Scheibe/die Fläche die Dimensionen von Heinrichs Gestaltung seiner antizipierenden Erinnerung bestimmen. Auch das Motiv der Schutzscheibe vor einer taktilen Nähe (wie im Spiegelmotiv) kulminiert in der Metapher des eingerahmten verglasten toten Gesichts. Der Tod - als Schutzschicht vor einer wechselseitigen Berührung - wird durch die Scheibe anschaulich gedoppelt.

Eine weitere semantische Dimension dieser Metapher verbirgt sich in dem *Bildmaterial* der Scheibe zwischen totem und lebendigem Körper. Aber nicht nur die Zeichen dieses Bildmaterials geben Aufschluß über die Beziehung zwischen dem Lebendigen und der Toten, sondern die *Semantisierung des Todes* selbst (bewußte Überfrachtung von Bedeutungsträgern) ist ein literarisch eingesetzter Indikator für das Sterben von Anna in seiner Bedeutung für Heinrich. Das Sich-Entfernen vom Liebesobjekt/-körper durch den Tod wird durch eine zwischen Anna und Außenwelt zwischengeschaltete Bildfläche mit weiteren Bedeutungen aufgeladen und ein weiteres Mal mediatisiert. In dem toten Antlitz Annas ist eine zweite Lesart dieses Vexierbildes aus Körper und Scheibe versteckt (und in diesem Fall leistet die überpointierte Formulierung einer 'multimedialen Annaschau' das Verständnis dieser Metapher). Im Rahmen, hinter Glas ist der Tod ins Bild gesetzt. Aber ähnlich wie bei einer Holographie ist in jenem Glas ein weiteres Zeichenensemble verborgen. Die biblische Zahl 3, die Musik und der Engel bilden das *luftig und zart durch-*

---

[61] „ ... erst jetzt fiel es mir ein, daß wir unsterblich sind, und fühlte mich durch ein unauflösliches Band mit Anna verbunden." Keller, S.510

sichtige Kompendium von Stigmata, mittels derer der Tod, die Liebe sakralisiert werden. Die drei Engel spielen die Todes-/Liebeshymne und weisen den Weg in die Ewigkeit.[62] Sie bebildern die Transformierung der Liebe in den Bereich des Wunders.

> ... erblickte ich das lieblichste Wunder, das ich je gesehen. Ich sah nämlich drei reizende, musizierende Engelknaben; der mittlere hielt ein Notenblatt und sang, die beiden anderen spielten auf altertümlichen Geigen, und alle schauten freudig und andachtsvoll nach oben; aber die Erscheinung war so luftig und zart durchsichtig, daß ich nicht wußte, ob sie auf den Sonnenstrahlen, im Glase oder nur in meiner Phantasie schwebte. Wenn ich die Scheibe bewegte, so verschwanden die Engel auf Augenblicke, bis ich sie plötzlich mit einer anderen Wendung wieder entdeckte.[63]

Nachdem der Liebesbund im Bereich des Todes geschlossen ist, vollzieht Heinrich folgerichtig die Trennung von seinem lebenden Liebesobjekt Judith. Heinrich schwört der toten Anna seine Treue und möchte sich nun an dieser Liebe orientieren. Er bricht die körperlich motivierte Beziehung zu Judith ab und entscheidet sich für ein *lichtes Bild* von Anna.[64]

Der Mensch/Ludwig Feuerbach

Nach den weiblichen Figuren des Romans, die Einfluß auf Heinrichs Gottesbild ausüben, soll nun *der Mensch* als Gottesentsprechung thematisiert werden.

„In seinen Göttern malt sich der Mensch"[65] so Ludwig Feuerbach - der „himmelstürmende Philosoph"[66], wie ihn Keller nennt.

Gottfried Keller, der sich „jene ursprüngliche Frömmigkeit [...] auch als *Atheist* bewahrt hatte"[67] - und dessen Feuerbachrezeption auch von dieser Frömmigkeit nicht

---

[62] siehe den Disput zwischen Judith und Heinrich über die Ewigkeit, ebd., S.518
[63] ebd., S.514
[64] „Doch ich bezwang mich und fuhr fort: daß es ferner nicht so gehen könne, daß ich Anna von Kindheit auf gern gehabt, daß sie mich bis zu ihrem Tode wahrhaft geliebt und meiner Treue versichert gewesen sei. Treue und Glauben müßten aber in der Welt sein, an etwas Sicheres müßte man sich halten, und ich betrachte es nicht nur für meine Pflicht, sondern auch als ein schönes Glück, in dem Andenken der Verstorbenen, im Hinblick auf unsere gemeinsame Unsterblichkeit, einen so klaren und lieblichen Stern für das ganze Leben zu haben, nach dem sich alle meine Handlungen richten können. ebd., S.517 f.
[65] nach Muschg, S.179
[66] Keller, S.290

unbeeinflußt blieb - dieser *fromme Atheist* stellt den Protagonisten seines Lebenswerkes in einen Gotteskonflikt, den Kurt Guggenheim auf Gottfried Keller angewendet folgendermaßen ausdrückt: „Zwiespalt zwischen Glauben-wollen und nicht-können."[68]

Die Maxime *des gemalten Menschen im Bild seiner Götter* von Ludwig Feuerbach zieht sich durch den gesamten Roman. An einigen Stellen tritt sie als direkte Feuerbachreferenz an die Oberfläche. Der neue Schulmeister im Dorf beispielsweise, mit dem Heinrich einen regen gedanklichen Austausch pflegt, beruft sich auf Feuerbachs Anschauungen. Im Gegensatz zu einer pantheistischen Weltsicht, die in dem Roman immer wieder in dem Zusammenhang *Naturwahrheiten/Landschaftsmalerei* entwickelt wurde, wird Gott vom Schulmeister-Philosophen durch den Menschen ersetzt.

> Gott ist nichts anderes als was der Mensch aus seinem eigenen Wesen und nach seinen Bedürfnissen abgezogen und zu Gott gemacht hat, folglich ist niemand als der Mensch dieser Gott selbst.[69]

Heinrich stellt diesem verweltlichten Gott oder der gottlosen Welt des Schulmeister-Philosophen jenen Gott entgegen, der sich *in der Natur offenbart*. Er rebelliert gegen die 'anthropomorphe Verzerrung Gottes' mit „Buchen" und „Blumen", die er als erhabenes Sujet für seine Bilder *braucht* und die für ihn einen evidenten Beleg für die Existenz Gottes darstellen. Heinrichs Pantheismus im Zweiten Band kann folgendermaßen zusammengefaßt werden: Weltbild und Gottesbild sind nahezu deckungsgleich, sie ergeben einen *Glaubens*zusammenhang (Bereich der Transzendenz), Natur und Kunst sind gleichermaßen gegenseitige Entsprechungen und Ergänzungen, sie bilden einen konkret wahrnehmbaren *Erlebnis*zusammenhang (Bereich der Empirie). Die adäquate Vermittlung zwischen Welt-Gott-Vorstellung und Natur-Kunst-Erlebnis in der *schöpferischen Tätigkeit* ist die tragende Utopie dieses 'Künstlerromans'. Somit sind seine Naturstudien und Landschaftsmalereien in einem sehr wörtlichen Sinne Gottes Bilder.

Der Mensch ist in diesem (innerhalb des Romans) frühen Pantheismus noch keine bestimmende Größe. Er ist in Heinrichs Natur-Gott-Kunst-Weltbild disqualifiziert.

---

[67]Boeschenstein, S.19
[68]nach Boeschenstein, S.19
[69]Keller, S.338

Mensch und Natur (*Naturwahrheit*) sind in dieser Zeit zwei gegeneinander opponierende Begriffe. Der Mensch (im Sinne Feuerbachs) ist ein profanisierender Schandfleck in dem erhabenen Garten, den Gott geschaffen hat, und den Heinrich nun nachzubilden versucht ist. Der Glaube an Gott und die Schöpfung ist unmittelbar gebunden an die Ausweglosigkeit gegenüber einer Welt, in welcher der Mensch im Zentrum des Geschehens stünde. Er ist geradezu als Gegenentwurf zu dem Menschen motiviert. Der Glaube bildet den Ausgangs- und Mittelpunkt für Heinrichs Verständnis von *Landschafts*malerei.

Die Landschaftsmalerei ist im *Grünen Heinrich* nicht nur eine Tätigkeit neben anderen, sondern sie ist die konkrete Wiedergabe von Heinrichs (Natur-) Wahrheit. Sie ist ein bestimmender Teil seines Selbstverständnisses. Der Blick in die Umgebung, der häufig im Text thematisiert wird, ist fast ausschließlich ein *verbalisiert geschautes* Motiv der Landschaftsmalerei (z.B. Erster Band, Erstes Kapitel). Sowohl die Perspektive des Textes wie auch Heinrichs Perspektive im Text entwirft ein *malerisch* entworfenes Weltbild. Heinrichs in die erhabene Welt der Naturwahrheiten sublimierte Weltwahrnehmung und -interpretation ist gleichzeitig Lobpreisung des *Herrn* und eine kategorische Erhöhung *seiner* Tätigkeit. Kunst und Natur sind zwei mögliche Gestalten, die Gott annehmen kann, und in denen sich Heinrich und Gott in einem schöpferischen Austausch begegnen.

Der Borghesische Fechter ist ein sehr spätes Motiv in diesem Entwicklungsroman. Weil Heinrich den Menschen als Sujet der Kunst noch nicht entdeckt hat, verteidigt er seinen *Schöpfer der Natur* und seine *Natur als Schöpfung*. Er kämpft gegen eine Entweihung seines Kunst-, Welt- und Gottesbildes. Gott ist eine bestimmende Größe für *Heinrichs* schöpferische Tätigkeit.

> Außerdem daß ich nicht gewußt hätte, was ich anfangen sollte ohne Gott, und ich die Ahnung hatte, daß ich einer Vorsehung im Leben noch sehr benötigt sein würde, band mich ein *künstlerisches Bewußtsein* an diese Überzeugung [...] deshalb konnte mir die Natur, an die ich gewiesen war, auch nur einen Wert haben, wenn ich sie als das Werk eines *mir gleichfühlenden* und voraussehenden Geistes betrachten konnte. Ein sonnedurchschossener Buchengrund konnte nur dann ein Gegenstand der Bewunderung sein, wenn ich ihn mir durch ein ähnliches Gefühl der Freude und der Schönheit geschaffen dachte. „Sehen Sie diese Blume", sagte ich zum Philosophen, „es ist gar nicht möglich, daß diese Symmetrie mit diesen abgezählten Punkten und Zacken, diese weiß und roten Streifchen, dies goldene Krönchen in der Mitte nicht vorher gedacht seien! Und wie

schön und lieblich ist sie, ein *Gedicht*, ein *Kunstwerk*, ein *Witz*, ein bunter und duftender Scherz! So was macht sich nicht selbst!"[70] [Hervorh. F.S.]

Schon wenige Seiten später opponiert Heinrich in seinen Ausführungen über den Konfirmationsunterricht vehement gegen einen funktionalisierten *Glauben*. Die diesseitige *Welt* verdrängt Gott immer mehr, und der *Mensch* wird in Heinrichs Gedanken einbezogen.

Er entlarvt die „*Theorie* des Glaubens"[71] [Hervorh. F.S.] als eine *Lehre für entnervte und erschöpfte Seelen*.[72] Ein Plausibilitätsanspruch für den Glauben ist ihm ebenso suspekt (lächerlich[73]) wie ein Plausibilitätsanspruch für den Zweifel. Ein normatives Glauben ist Selbstbetrug und Verrat an Neugierde und Vernunft. Die an der *Vernunft* orientierten Gottesverkündigungen fallen jedoch ebenso Heinrichs Hinterfragungen zum Opfer, indem er mit *seiner* Vernunft die zirkulären Argumente der Kirche ad absurdum führt. Aber auch eine ängstlich unfreie Demutshaltung gegenüber einer Gottdoktrin, die jene Fragen verbietet, stößt bei Heinrich auf einen um so größeren, einen unumstößlichen inneren Widerwillen.

Dieser Widerwille ist trotz des Reflexionsniveaus und eines aufrichtigen Verstehenswunsches der religiösen Zusammenhänge deutlich von Affekten beeinflußt. Der Gestus der Ausführungen über den Konfirmationsunterricht ist von *Ekel, Trotz* und *Auslachen* dominiert - drei deutliche Affektbekundungen.

Die von kirchlichen Lehrern vermittelte *Gottinstanz der Sünde und Barmherzigkeit* wird zum direkten Gegenspieler der *natürlichen Liebe*. Die natürliche Liebe löst den Natur-Gott ab und öffnet den Raum für weitere Gottesumbildungen. Gottes Entwicklung innerhalb des Romans durchschreitet ein Stadium der Natur, der Liebe, eines der Welt und des Menschen. (Die Übergänge sind unscharf und keineswegs linear.)

Am Schluß von Heinrichs Ausführungen über die *Theorie des Glaubens* geht er mit seiner Säkularisierung von Gott so weit, daß Feuerbach deutlich in ihnen spricht. Das Pathos dieser Verkündung wird jedoch von einem quasireligiösen Impetus getragen.

---

[70] ebd., S.340
[71] ebd., S.360
[72] ebd., S.360
[73] siehe der *Modus des Lachens* in dem Kap. *Schweigen Gottes*, S.54

> Wenn ich zweifle, ob zweimal zwei vier seien, so sind es darum nicht minder vier, und wenn ich glaube, daß zweimal zwei vier seien, so habe ich mir darauf gar nichts einzubilden und kein Mensch wird mich darum loben. [...] Glaube! O wie unsäglich blöde klingt mich dies Wort an! Es ist die allerverzwickteste Erfindung, welche der Menschengeist machen konnte in einer zugespitzten Lammslaune! [...] Schon die unmittelbare Rücksicht auf den lieben Gott ist mir hinderlich und unbequem, wenn sich die *natürliche Liebe* in mir geltend machen will. [...] Denn Gott ist nicht geistlich, sondern ein weltlicher Geist, weil er die Welt ist und die Welt in ihm; Gott strahlt von Weltlichkeit.[74] [Hervorh. F.S.]

Gottfried Kellers Materialismus[75] steht zwischen den zwei großen Denktraditionen der Gottesverneinung seines Jahrhunderts (sowohl im zeitlichen wie im thematischen Sinne). Eine dieser Linien reicht von Feuerbach ausgehend über Marx und Engels bis zu Ernst Bloch und der Frankfurter Schule in unser Jahrhundert hinein. Die Spuren des Transports und der Entwicklung dieser Denkinhalte sind maßgebend in die Gesellschafts-, Geschichts- und Erziehungswissenschaften eingegangen und haben ein systemisches Denken vorbereitet.

Der zweite starke Impuls der Gottesvernichtung, der sich weniger linear aber nicht weniger wirkungsvoll in das 20. Jahrhundert fortgepflanzt hat, geht von Friedrich Nietzsche aus. Die Verästelungen seines Einflusses haben besonders stark in Kunst und Literatur ihren vitalistischen Ausdruck gefunden.

Gottfried Kellers Gottesverleugnung mündet in die *Utopie der gelebten Harmonie der Liebe im Diesseits*. Im *Grünen Heinrich* ist sie lediglich als Sehnsucht anwesend. In *Die mißbrauchten Liebesbriefe* wird jene Hoffnung eingelöst, die Heinrich verwehrt bleiben soll. Daß Keller die Erfüllung seiner Allianz von Gottesüberwindung, Mythologisierung von Gott und Liebesglück auf Erden ausschließlich im Genre der humoristischen Novelle zu beschreiben vermag, spricht für die Ambivalenz seines Angebots der Gottesverneinung.

Kellers Biographie läßt sich als zweifelndes Fortschreiten auf dem Weg einer Infragestellung Gottes *und* eines schmerzhaften Gottesverlusts lesen - auch als Weg *zwischen* sozialistischen Deutungen Feuerbachs und eines freudigen Zertrümmerungsgestus' jeglicher Metaphysik.

---

[74] ebd., S.360 ff. Die Lichtmetaphorik - *Gott strahlt von Weltlichkeit* - sakralisiert wiederum die Weltlichkeit. Immer wieder wird das Paradox einer gleichzeitigen Sakralisierung von Wirklichkeit und Verweltlichung von Gott deutlich. Heinrich scheint in diesem *Gotteskonflikt* gefangen zu sein.
[75] in Anlehnung an Jochen Hörisch, in seinem Aufsatz: *Ein wenig Wein und ein wenig Brot*

So wie Feuerbach durch Heinrichs Worte hindurch spricht, so spricht die *Anthropomorphisierung von Gott* in den letzten Kapiteln des Romans in der Gedankenwelt des Grafen. Feuerbach bahnt sich selbst durch Angelus Silesius' Verse hindurch seinen Weg, wenn ihn der Graf rezitiert.

Nachdem Gott, insbesondere im Vierten Band, durch *Begriffe* abgelöst wurde (worauf noch einzugehen sein wird), erfährt das Thema Gott/Feuerbach in der Grafenschloßepisode eine erneute Umakzentuierung. In dem Raum, den der Graf und Dortchen gedanklich um den Grünen Heinrich schaffen, wird Gott weder von einem pantheistischen Natur*begriff ersetzt*, noch sind Mensch und Welt als *Kategorien* im argumentativen Austausch von jener schlagkräftigen Plausibilität, sondern der Mensch wird *verlebendigt*. Das *Gespür* (z. B. Wärme- und Kältemetaphorik) dient zur Charakterisierung des Menschen. Er wird in eine konkrete Situation gestellt und geht damit eine individuelle Beziehung zur Außenwelt ein. Das *Ich* kommt auffallend oft in jenen Versen des Angelus vor. Der Mensch ist also keine abstrakte Größe wie das *Gewissen* oder der *freie Wille*, sondern ein empfindendes autonomes Wesen.

So wie das *Ich* seine deiktische Referenz fordert, so entfaltet das *Jetzt* und *Hier* einen Raum, der nur *unmittelbar* situativ präsent ist. Dieser Raum konstituiert sich abermals durch *sinnliche* Eindrücke. Er wird durch textuelle Mittel wie Farbigkeit, Wärme, Blumenduft etc. metaphorisiert. Dortchens Mensch/Sehnsucht/Hoffnung lassen sich nur durchleben, -lieben, -leiden und nicht in der Ferne denken und herbeiträumen (Heinrichs Flucht in den Wald).

Die motivische Anbindung - Natur, Weiblichkeit, Mensch - wird um ein Glied erweitert: das *Leben*.

Die Grafenschloßepisode ist mit einer Aura des Lebens und der Wärme eingefärbt. Kaiser charakterisiert Dortchen als „Gärtnerin des Lebens auf dem Friedhof."[76] Heinrich partizipiert an der Frische jener Lebenszusammenhänge, er zehrt von den äußeren Auswirkungen dieser Lebensweise. Zugleich bleibt ihm jedoch der innere Raum jener *Lebendigkeit des Ich im Jetzt und Hier* verwehrt. Heinrich verschließt sich gegenüber den Angeboten von Dortchen, die Liebe zu leben. Er verharrt in

---

[76]Kaiser, S.148. Wieder die Figur des Paradoxes von Leben und Tod - aber wie beim Meretlein in der Gestalt, daß das Leben den Tod überwindet, das Leben durch den Tod genährt wird (Blumen auf dem Friedhof), das Leben behält die Oberhand.

seinem Raum der Kälte und Bewegungslosigkeit, in einem verschlossenen Raum der *männlichen* Flucht und *Ohnmacht*.[77]

Kurz bevor Dortchen an das Klavier springt und ihre verliebt zitternde Stimme erklingen läßt, wird das *Aufblühen* eines in *Kälte* konservierten Gottes im *Jetzt und Hier* gepriesen.

> [der Graf:] „Da ist Ludwig Feuerbach, der bestrickende Vogel, der auf einem grünen Aste in der Wildnis sitzt und mit seinem monotonen, tiefen und klassischen Gesang den Gott aus der Menschenbrust wegsingt! Glaubt man nicht ihn zu hören, wenn wir die Verse lesen: 'Ich bin so groß als Gott, Er ist als ich so klein: Er kann nicht über mich ich unter Ihm nicht sein. / Ich weiß, daß ohne mich Gott nicht ein Nun kann leben, Werd ich zunicht, er muß vor Not den Geist aufgeben. / Daß Gott so selig ist und lebet ohn Verlangen, Hat er sowohl von mir als ich von ihm empfangen. [...] Ich selbst bin Ewigkeit, wenn ich die Zeit verlasse, Und mich in Gott und Gott in mich zusammenfasse.' Alles dies macht beinahe vollständig den Eindruck, als ob der gute Angelus nur heute zu leben brauchte und er nur einiger veränderter äußerer Schicksale bedürfte, und der kräftige Gottesschauer wäre ein ebenso kräftiger und schwungvoller Nichtschauer und Feuerbachianer!"
> [Heinrich:] „Ohne mich zu solchen Propheten zählen zu wollen, fühle ich dennoch diesen ganzen und ernstgemeinten Gott, und erst jetzt, wo ich keinen mehr habe [...]"
> [Dortchen liest:] „Blüh auf, gefrorner Christ! Der Mai ist vor der Tür: Du bleibest ewig tot, blühst du nicht jetzt und hier."[78]

Gottfried Keller in einem Brief an Baumgartner: „ Für mich ist die Hauptfrage die: Wird die Welt, wird das Leben prosaischer und gemeiner nach Feuerbach? Bis jetzt muß ich des bestimmtesten antworten: Nein! im Gegenteil, es wird alles klarer, strenger, aber auch *glühender* und sinnlicher."[79] [Hervorh. F.S.]

Gott als Begriff

Gott nimmt in dem Roman noch eine auffallend anders geartete Gestalt an. Neben Heinrichs farbigem „Abendrot" bis zu seinen plastischen und flächigen Weiblichkeitsimaginationen, neben seinen eindringlichen selbst erfahrenen Kunst- und Naturerlebnissen bis zu dem vitalisierten Menschenbild in der Grafenschloßepisode speist sich dieser Gott aus *Begriffen*. Einige dieser Begriffe seien hier kurz angesprochen. Sie wechseln sich im Verlauf des Textes häufig ab. Ihre Dominanz ist kurzle-

---
[77] ebenfalls in Anlehnung an Kaiser S.148
[78] Keller, S.821 ff.

big. Die jeweiligen Begriffe: Herz, Charakter, Liebe, Gewissen, freier Wille, Vertrauen etc. sind Gottes*ersatz*.

Besonders im Vierten Band wird Heinrichs Gottesverlust durch Denkinhalte, die sich in begrifflichen Formeln ausdrücken, ausgeglichen. Oder der Begriff *Gott* selbst wird als Autoritätsurteil/als Argument gebraucht. *Gott* gerät in eine semantische Umgebung begrifflicher Zuordnungen. Diese Umgebung entfaltet sich in der Form der Diskussion *über* Welt. Besonders deutlich ist die Herausbildung einer *metasprachlichen Weltdeutung* anhand der Ausführungen zum *freien Willen*[80] und dem *Gewissen*[81]. Der Wechsel der Erzählsituation von der Ich-Erzählweise (in der Jugendgeschichte), Ende des dritten Kapitels des dritten Bandes, in die personale Erzählsituation bereitet diese Distanzierung vor, unterstützt sie.

Aus der distanzierten versachlichenden Perspektive der dritten Person verliert Heinrichs Sehweise zunehmend ihre farbigen, plastischen, metaphorischen Dimensionen - ihre Unmittelbarkeit. Die Begriffe (auch der Begriff *Gott*) lösen sich von ihren Referenzobjekten und führen ein blutleeres Eigenleben.

Das hindert Heinrich jedoch nicht daran, für sie zu kämpfen und sie mit seinem Leben zu verteidigen (Duell mit Ferdinand). Auf den letzten Seiten des dritten Bandes beschreibt Keller einen verzweifelt um Gott kämpfenden Heinrich. Heinrichs Begriff von Gott hat sich jedoch schon längst von einem Gott, mit dem er im Austausch/Dialog stand, gelöst. Dieser Gottesbegriff, der in Heinrichs *Selbst*verständnis unfruchtbar kreisen wird, ist der Gott des vierten Bandes. Er ist nur ein unzureichender Ersatz seiner Vorgänger. Je mehr sich Heinrich von seinen früheren Gottesentsprechungen entfernt, desto blind verzweifelter und opferbereiter kämpft er um jenen Begriffsgott. Der Habitus seiner feurigen Verkündungen jener aufblitzenden Einkleidungen Gottes ist impulsiv, beharrlich und auffallend engstirnig.

Während Gottfried Keller zwar Heinrich in dem Duell mit Ferdinand objektiv siegen läßt, wirkt er innerhalb des situativen Kontextes gegenüber Ferdinand unsouverän und überhitzt. Seine plötzliche Feindschaft zu Ferdinand und die hastige Opferbereitschaft gegenüber einem *herbeiargumentierten Gott* scheinen eher ein Indiz für mangelndes Gottvertrauen zu sein.

---

[79]nach Muschg, S.290
[80]Keller, S.658 ff.
[81]ebd., S.817 ff.

In der Goethelektüre hatte Heinrich einen *Gott der inneren Ruhe* kennengelernt: „Ruhe zieht das Leben an, Unruhe verscheucht es; Gott hält sich mäuschenstill, darum bewegt sich die Welt um ihn."[82] An der Ruhe sollte sich der Mann orientieren: „Nur die Ruhe in der Bewegung hält die Welt und macht den Mann."[83] Dieses männlich stabile Verhältnis zu Gott und Welt gerät in Heinrichs Wortgefechten bis zum wirklichen Duell in gefährliche Turbulenzen.

Die beleidigende Charakterisierung von Ferdinand ist zugleich eine partielle *Selbstbeschreibung* Heinrichs. Das Gefecht ist auch ein *innerer Konflikt* und Heinrichs cholerisch gesteigerte Ehrerbietung gegenüber Gott eine *Flucht* vor ihm und sich.

Heinrichs Beschimpfungen auf ihn selbst anzuwenden, ergibt eine interessante Vorwegnahme seiner späteren Situation. Die Lesart einer gespiegelten Selbstduellierung erhält durch das Publikum der „Bank der Spötter" eine weitere Dimension.

> „Das kommt aber nur von dem trivialen *trostlosen Atheismus*! Wo kein Gott ist, da ist kein Salz und kein Schmalz, nichts als haltloses Zeug [...] nicht dein *Kopf*, sondern dein *Herz* kennt keinen Gott! Dein Glauben oder vielmehr dein Nichtglauben ist dein *Charakter*! [...] Nun wollen wir sehen, wie weit dich deine *gottlose Tollheit* führt!" [...] Er sah jetzt nur das Kreuzen der glänzenden Klingen, mit welchem er das Dasein Gottes entweder in die Brust des liebsten Freundes schreiben oder es mit seinem eigenen Blute besiegeln wollte. Beides reizte ihn gleich angenehm, und er dachte daher an Ferdinand mit ungewöhnlicher Zärtlichkeit.[84] [Hervorh. F.S.]

Bei dem Grafen unter dem Einfluß von Dortchen erscheinen Heinrichs Gottesvarianten abermals in wechselndem Gewand. Nachdem Gott „etwas eingeschlummert"[85] war, erhält er folgende Etikettierungen: unbedingte Freiheit des Gewissens, Gemüt, Mensch.

Während Heinrichs frühkindliche Gottesvorstellungen, seine Gottesphantasien in Berge und Wolken hinein, Gottes Antlitz aus einer Blume oder einem weiblichen Körper bei mehrmaligem Lesen immer farbiger werden und immer neue Dimensionen eröffnen, wirken seine begrifflichen Versuche, Gott näher zu kommen, farblos und eindimensional. Besonders im Kontrast zu der sinnlichen, den Tod kultivierenden Gottesüberwinderin Dortchen und der enthusiasmierenden Kraft der glühenden

---
[82] ebd., S.442
[83] ebd., S.442
[84] ebd., S.615 ff.
[85] ebd., S.817

Gedankenwelt eines Feuerbachianers verblassen Heinrichs Begriffe. Seine Namen für Gott werden auswechselbar. Heinrichs eigene innere Phantasie wird von äußeren Einflüssen - seinen Freunden, Nachwirkungen akademischer Auffassungen, den äußeren Widersprüchen der Welt und Dortchens und des Grafen Angebote - getilgt. Heinrichs Gottesbild nimmt, wie ein Chamäleon, die Farbe seiner Umgebung an.

> Auf fast ganz weibliche Weise *schlüpfte* Heinrich in die Grundsätze derer hinein, die er liebte und die ihm wohlwollten.[86] [Hervorh. F.S.]

Der Begriff *Gott* wird ausgehöhlt und bleibt letztendlich leer.

Gott: eine Leerstelle

So wie sein Dialog mit Gott in ein autistisches unbewußtes Brabbeln mündet, wie sein Austausch mit der Welt immer mehr die Struktur einer Selbstbespiegelung annimmt oder einfach nur zur unverarbeiteten Übernahme äußerer Einflüsse wird, so wie seine Bilder grau und braun werden, so bleibt die Leinwand seines letzten Gottesbildes, nach all den gelungenen und mißglückten Studien, leer.

Der verlassene Raum, in dem Gott lange Zeit gewohnt hatte, ist in den letzten Kapiteln durchgängig mit der Metapher des *Herzens* besetzt. Die freie Stelle in seinem Herzen zieht Schuld und Wehmut an. Eine „seltsame Beklemmung und Furcht" gegenüber der Mutter mischt sich mit dem „heillosen Druck von Dortchens Bild" in seiner Brust, „und er mußte nun fürchten, daß dies nie wieder wegginge, ohne daß er etwas dazu tun konnte."[87]

In der von Todessymbolen eingerahmten ziel- und gegenstandslosen Sehnsucht dominiert das Motiv der Leere. Jene *leere Stelle Gott*[88] schnürt ihm, während seine Mutter fern von ihm stirbt, das Herz zusammen.

Im Vakuum seiner Hoffnungen breitet sich der Schmerz aus und füllt es schließlich ganz aus bis zum todbringenden „Herzensdrücker."[89] Heinrichs letzte Begeg-

---

[86] ebd., S.817
[87] alle drei Sequenzen ebd., S.850
[88] nach Kaiser, S.161
[89] Keller, S.851

nung ist der *singende Fährmann*.⁹⁰ Er gibt ihm sein Abschiedsständchen: „[...] In der dunklen Tiefe fern / Schimmert ein gefallner Stern [...]"⁹¹ Die Motiventwicklung des gesamten Romans läuft konsequent auf diesen Todesgruß zu. Im Rendezvous mit dem Tod ist Heinrich an seinem vom Roman vorherbestimmten Ziel angekommen.

Der Kulminationspunkt des Todes erstellt die Bilanz für Heinrich: seine wesentliche Bewegung innerhalb des Handlungsverlaufs ist das *Scheitern*, konstitutives Merkmal seiner Person ist die *Schuld* und die bestimmende Metapher seines Seelenzustandes ist die *Leere*.

III. Vater

Gott-Vater/Vater-Gott

> Je dunkler die Ahnung ist, welche ich von seiner äußeren Erscheinung in mir trage, desto heller und klarer hat sich ein Bild seines innern Wesens vor mir aufgebaut, und dies edle Bild ist für mich ein Teil des großen Unendlichen geworden, auf welches mich meine letzten Gedanken zurückführen und unter dessen Obhut ich zu wandeln glaube.⁹²

Hier ist nicht vom 'lieben Gott' die Rede, sondern vom 'lieben Vater'. Gerhard Kaiser: „Heinrichs Auseinandersetzung mit dem toten Vater beginnt und endet als Auseinandersetzung mit Gott."⁹³

---

⁹⁰Der Fährmann ist ein sehr altes gebräuchliches Todessymbol. Im *Grünen Heinrich* erfüllt es etwa die gleiche Funktion wie das *fiedelnde schwarze Männlein* aus *Romeo und Julia auf dem Dorfe*. Der schwarze Geiger ist deutlicher ausformuliert und ist ein ständiger Begleiter der beiden. Der grüne Heinrich hat den Fährmann in seinem Leben „noch nie gesehen." Aber die Motivik des Textes mündet notwendig in ein männliches Symbol, das Heinrich auf die *andere* Seite bringt. Natürlich kommt es nur zur einverständigen Begegnung. So wie Romeo und Julia nicht dem schwarzen Geiger folgen und ihren eigenen Raum des Todes aufsuchen, so verläßt Heinrich den Fährmann und sucht *seine* Stätte des Sterbens auf. „Er vermochte aber den lachenden Himmel und das grüne Land nicht länger zu ertragen und wollte zur Stadt zurück, wo sich in dem Sterbegemach seiner Mutter verbarg." ebd., S.866
⁹¹ebd., S.865
⁹²ebd., S.74
⁹³Kaiser, S.153

Zu der Frage nach dem Verhältnis zwischen Gott und Vater im *Grünen Heinrich* wurde in der Kellerforschung ausführlich (besonders im Zusammenhang mit den Affinitäten zu Gottfried Kellers Biographie) gearbeitet. Einige Ergebnisse dieser Auseinandersetzungen sollen an dieser Stelle aufgenommen und erinnert werden. *Gott-Motiv* und *Vater-Motiv* sind im *Grünen Heinrich* ineinandergeschichtet. Für Heinrich nehmen Gott und Vater wechselseitige Stellvertreterpositionen ein. Lesarten des gegenseitigen Ersetzens - Gott durch den Vater und umgekehrt - sind im Text angelegt. Sie bringen aufschlußreiche Interpretamente hervor.

Die deutlichste Erinnerung an den *Vater* ist gleichzeitig eines der einprägsamsten *Gottes*argumente des Textes und vielleicht Heinrichs früheste Erinnerung an Gott überhaupt. Heinrich wird auf dem starken Arm des Vaters über Gottes Acker getragen - auf jenem Arm, der ihm so fehlen wird.

> Meine deutlichste Erinnerung an ihn fällt sonderbarerweise um ein volles Jahr vor seinem Tode zurück, auf einen einzelnen schönen Augenblick, wo er an einem Sonntag Abend auf dem Felde mich auf den Armen trug, eine Kartoffelstaude aus der Erde zog und mir die anschwellenden Knollen zeigte, schon bestrebt, Erkenntnis und Dankbarkeit gegen den Schöpfer in mir zu erwecken.[94]

Die Suche nach dem starken Arm des Vaters und die Suche nach der Hand Gottes sind motivische Synonyme. Die Sehnsucht nach einer starken Vaterfigur und die Sehnsucht nach der spürbaren Anwesenheit Gottes sind im Text oft nicht voneinander zu trennen.

Der *Grüne Heinrich* läßt sich als Parabel - als modifizierte Parabel - des *Verlorenen Sohns* (Lukas 15) lesen. Die tragische Abweichung gegenüber dem *Verlorenen Sohn* der *Heiligen Schrift* besteht darin, daß Heinrichs Vater tot ist und den Abtrünnigen nicht wieder aufnehmen kann. Der Adressat für die Worte: „Vater, ich habe gesündigt gegen den Himmel und vor dir; ich bin hinfort nicht mehr wert, daß ich dein Sohn heiße" ist gestorben. Und so bleibt dessen Erwiderung: „dieser mein Sohn war tot und ist wieder lebendig geworden; er war verloren und ist gefunden worden"[95] aus. Heinrichs Erlöser ist gestorben. Heinrichs 'Rückkehr' ist ein Kreisen. So wird

---

[94] Keller, S.72
[95] Lukas 15, Neues Testament

aus der reuevollen Reise des verlorenen Sohnes ein *ruheloses Wandern des Ahasverus*.[96]

Die Sehnsucht nach seinen Vätern bildet den Rahmen, in dem Heinrich seinen Lebensweg zurücklegt. Er ist an beiden Seiten durch den Verlust eines Vaters begrenzt. Sein leiblicher Vater ist zu Beginn des Textes bereits tot. Er wird nur aus Heinrichs Erinnerung thematisiert. Den Schlußpunkt des Romans bildet ein gottlos einsamer Tod. Gott ist ebenso nur noch als verblassende Erinnerung anwesend. Auch die Frauen des Figurenensembles, die für den männlich konnotierten Gott stehen - die androgyne Gottesentsprechung Anna und die Vermittlerin zwischen Versorgergott und Heinrich, seine Mutter - starben, während er, wie es im *Verlorenen Sohn* der *Bibel* heißt, des Vaters *Hab und Gut verpraßte*.

Dem implizierten Versprechen der Bibel wird von Gottfried Keller widersprochen. Der *Grüne Heinrich* behauptet, die Tatsache, daß der Vater uns am Ende unserer sündigen und reuevollen Reise mit offenen Armen empfängt, ist ein grober Irrtum. Kellers Roman ist ein provokanter Gegenentwurf zu jenem großen *Vater-Buch*.

Das Paradox des *verlorenen Sohns Heinrich* besteht darin, daß er nach Hause kommt und *niemand* ist zu Hause. Den 'Heimkehrenden' erwartet der Verlust von Heimat und Geborgenheit. Es gibt kein Zu Hause.[97]

Heinrich: gottgleich

Am Weihnachtstag nach Heinrichs Konfirmation nimmt er den Kirchenplatz seines Vaters ein. In der motivischen Synonymie zwischen Vater und Gott ist Heinrich also ebenfalls ein Mitspieler. Die Leerstelle des Vaters wird buchstäblich von Heinrich besetzt.

---

[96] der 'ewige Jude' aus dem 1602 erschienenen Volksbuch *Kurze Beschreibung und Erzählung von einem Juden mit Namen Ahasverus*

[97] Im wörtlichsten Sinne hat Heinrich kein zu Hause mehr. Selbst das Haus ist nicht mehr im Besitz der bis auf seine Person dezimierten Familie: „Nachdem sie lange in Kummer und stummer Erwartung auf ihren Sohn oder ein Zeichen von ihm gewartet, wurde sie gerade um die Zeit, als Heinrich sich im Herbste auf den Heimweg begeben hatte und dann im Hause des Grafen haften blieb, aus ihrem Hause vertrieben [... sie] mußte endlich den Verkauf des Hauses erdulden." Keller, S.860 f.

Der ehemalige Platzhalter dieser Position ist im gesamten Romanverlauf nur als tote Person/als Erinnerung vorhanden. Heinrich nimmt im Hause Gottes den durch Tod frei gewordenen Platz des Vaters ein. Doch er wird ihn ebenfalls meiden.

Daß Heinrich diese konkret benannte Leerstelle des Vaters erfüllt/einnimmt, ist ein einmaliges Ereignis. Die motivische Partizipation an der Gott-Vater-Synonymie ist jedoch ein weitreichendes und bestimmendes Bild des Textes. In jenem Hause nehmen Gott, Vater und Sohn ihren (in Anteilen gemeinsamen) Platz ein. Die Tendenz des Absterbens ist diesen drei Bewohnern gleichermaßen eigen.

> Ich nahm zum ersten und letzten Male in dem Männerstuhle Platz, welcher zu unserm Hause gehörte und dessen Nummer mir die Mutter in ihrem häuslichen Sinne sorglich eingeprägt hatte. Er war seit dem Tode des Vaters, also viele Jahre, leer geblieben [...; nachdem Heinrich einen falschen Benutzer seines/des Vaters Platzes verwiesen hatte, F.S.] Ein Mal aber wollte ich darin sitzen und stehen, wie es mein Vater getan.[98]

Indem Heinrich an den motivischen Überlagerungen von Vater und Gott teil hat, weisen die Muster der Figur Heinrich und der Figur Gott im Geflecht des Textes ebenso Kongruenzen auf.

Die *Selbstüberhöhung Heinrichs* in dem Verhältnis zwischen Heinrich und Gott ist deutlich in dem Roman mit angelegt. Heinrich stellt sich oft in eine gottähnliche/gottgleiche/Gott ebenbürtige Position. Diese Selbstüberhöhung reicht von der Perspektive „in einen offenen Raritätenschrein"[99] bis zur Nachahmung des Schöpfungsaktes als Künstler. Adolf Muschg: „Der Lebenslauf des grünen Heinrich läßt sich lesen als ein einziger Versuch, die Schöpfung durch eigene Arbeit zu wiederholen."[100]

In Eriksons Rede über Heinrichs 'Gekritzel' weist Heinrichs Selbsterhebung auf die Perspektive Gottes ironisch, warnend über sich hinaus - auf eine Tendenz der *Gottesüberbietung*, die ins *Nichts* läuft. Diese Beschreibung der Entwicklung von Heinrichs Kunst ist gleichzeitig eine Prophezeiung seines Lebensweges. Sie ist auch analoges Muster für die thematische Entfaltung des gesamten Romans.

---

[98] ebd., S.372 f.
[99] ebd., S.16
[100] Muschg, S.182

Aus Nichts hat Gott die Welt geschaffen! Sie ist ein krankhafter Abszeß dieses Nichts, ein Abfall Gottes von sich selbst. Das Schöne, das Poetische, das Göttliche besteht eben darin, daß wir uns aus diesem materiellen Geschwür wieder ins Nichts zurückabstrahieren, nur dies kann eine Kunst sein![101]

Ausblick

Ein absterbender männlicher Gott

Eine zu Beginn der Arbeit angekündigte in Gottfried Kellers Roman ebenso anwesende Alternative zu *Heinrichs* Gottesvarianten soll hier noch kurz zur Sprache kommen.

Den Entsprechungen eines *monozentristischen Gott-Vaters* - Heinrichs Vater, seinem Maler-Lehrer Römer (wie auch seinem Vorbild Rudolf Meyer), Heinrich selbst, dem König, der ihm den Hut vom Kopf schlägt, seinem vom Dach abstürzenden Schulfreund etc. - ist in all ihren Referenzen und Schichten eine *Tendenz des Scheiterns* eingeschrieben. Gott-Vater enthält kein Hoffnungspotential. Seine Protagonisten sind todgeweiht, krank und in ihrer Tendenz keineswegs schöpferisch. Ein adäquater Beschreibungsmodus ihrer Lebenswege ist die abfallende *Linie* und ihrer jeweiligen Lebenszustände die erstarrte *Fläche*.

Auch Heinrichs Mutter - als Sprachrohr zweier Vaterinstanzen - und Anna - als mit männlichem Blick geschautes Fernziel eines distanzierten Liebesideals, Marienähnlich mit Engeln umrahmt - sind mit dem Todesmotiv stigmatisiert.

„So stehen Gott und Tod in einem genauen Ablösungsverhältnis. Gott radikal in die Welt verlegen heißt, das individuelle Welt-Ende zum Gottesurteil machen."[102]

Ein Zitat Gerhard Kaisers antwortet indirekt auf Adolf Muschgs Äußerung, indem es die komplementäre Seite zu jenem Todesgrund nicht verschweigt. Kaiser charakterisiert die Welt des Romans als „eine Welt mächtiger Frauen und ohnmächtiger

---

[101]Keller, S.635
[102]Muschg, S.181

Männer, eine Welt mit einem finsteren Todesgrund, der das Leben schmerzlich intensiv leuchten läßt."[103]

Eine vitale weibliche Gottesvariante

Durch diesen *Roman des Scheiterns*, durch die *Tendenz der Lebensverweigerung*, bricht sich ein *weiblich konnotiertes Motiv der Zuversicht* Bahn. Seine personifizierten Entsprechungen sind das Meretlein, Judith, Dortchen und ihre abgeschwächten Motivwiederholungen. In diesen Hoffnungsinseln offenbart sich ein mit Sinnlichkeit, Natur (im Sinne von Natürlichkeit) und Nacktheit besetztes und ebenso mit spiritualistischen und änigmatischen Anteilen versehenes Bild einer *Utopie der Weiblichkeit* - vom Vater-Gott befreit, gottlos.

Dieses Weiblichkeitsbild, das im Roman Heinrichs Gottesbild gegenüber gestellt wird, läßt sich weder als *Linie* darstellen, noch ist es auf einer *Fläche* fixiert. Judith, Dortchen und das Meretlein eröffnen einen *Raum*, der sich durch Bewegung, Körper, Musik, Gespür entfaltet. In diesem Raum nimmt die Lebendigkeit ihre *Gestalt* an.

Das Meretlein entkleidet sich, löst sein Haar, singt, tanzt und legt sich in das taubefeuchtete Gras. Seine Vitalität vermag sogar die Grenze des Todes zu überschreiten.

Judith ist im Paradies zu Hause - jenseits von Gut und Böse. Umgeben von Äpfeln, Milch und Bäumen lebt sie in einem Garten der *schuldlosen Verführungen* und leiblichen Liebkosungen (im Gegensatz zur unschuldigen Liebe und entkörperlichten Seelennähe). Judith ist schuldlos, nicht unschuldig. Judiths 'Verführung' besteht darin, Heinrich vom *Baum des Lebens* kosten zu lassen, der *mitten im Garten* steht, wie es in der Schöpfungsgeschichte heißt. Von ihm zu essen war nicht verboten.[104] Nichts ist in diesem Garten verboten außer der Kenntnisnahme von Gut und Böse. Sie bedeutet den Tod.[105]

---

[103] Kaiser, S.148
[104] Erst nachdem sich Adam und Eva durch den Baum der Erkenntnis des Guten und Bösen versündigt hatten, heißt es im *Ersten Buch Moses*: „Und er [Gott der Herr, F.S.] trieb den Menschen hinaus und ließ lagern vor dem Garten Eden die Cherubim mit dem flammenden, blitzenden Schwert, zu bewachen den Weg zu dem Baum des Lebens." Altes Testament, Genesis 3
[105] „[...] aber von dem Baum der Erkenntnis des Guten und Bösen sollst du nicht essen; denn an dem Tage, da du von ihm issest, mußt du des Todes sterben." Altes Testament, Genesis 2

Heinrichs konsequente Vermeidung gegenüber der Kost des Lebens ist eine Todsünde. Der Lebensbaum der Weiblichkeit hingegen ist Disqualifikation der Vermeidung und des Verbots von Leben. Das Verbot ist männlich, weiblich ist das Gebot. Das weibliche Gebot ist die Versuchung.

Judith ist der Männerwelt durch einen glücklichen Tod vorenthalten, der durch ihren Namen ein Wesensmerkmal ihrer selbst ist. Sie ist eine körperliche/skulpturale Erscheinung, die, umspült von Wasser und ihrer Kleider entledigt, sich zu erkennen gibt.

Dorothea - vom Himmel gefallen/ein *Schönfund* - lebt im Raum ihres Todes-Kultes eine gesteigerte Ich-Jetzt-und-Hier-Lebendigkeit, ihren „fröhlichen Atheismus."[106]

Heinrich legt erst wieder heimgekehrt zu *Mutter-Erde* seine Blässe ab: „und es ist auf seinem Grabe ein recht frisches und grünes Gras gewachsen."[107]

Die weibliche Gottesalternative ist im verführerisch duftenden Garten, im Haut wärmenden Sonnenschein, im kühlen dunklen mondbeschienenen Wasser und vor allen Dingen in ihrer Leibhaftigkeit zu Hause.

---

[106]Muschg, S.118
[107]Keller, S.866

Literatur

Gottfried Keller:

Der grüne Heinrich - Erste Fassung, insel taschenbuch, Frankfurt am Main 1978

Die Leute von Seldwyla I und *II*, Aufbau-Verlag, Berlin/Weimar 1986
  Pankraz, der Schmoller
  Romeo und Julia auf dem Dorfe
  Frau Regel Amrain und ihr Jüngster
  Die drei gerechten Kammacher
  Spiegel, das Kätzchen. Ein Märchen
  Der Schmied seines Glückes
  Die mißbrauchten Liebesbriefe
  Das verlorne Lachen

Sekundärliteratur:

Boeschenstein, Hermann, *Gottfried Keller*, J. B. Metzlersche Verlagsbuchhandlung, Stuttgart 1969

Hörisch, Jochen, *Ein wenig Wein und ein wenig Brot - Ein christlich-antiker Denkzettel für den Grünen Heinrich*, in: *Denkzettel Antike*, hrsg. von Treusch-Dieter/Pircher/Hrachovez, Dietrich Reiner Verlag, Berlin

Kaiser, Gerhard, *Gottfried Keller - Das gedichtete Leben*, Insel Verlag, Frankfurt am Main 1981

Muschg, Adolf, *Gottfried Keller*, suhrkamp taschenbuch 617, München 1980

andere:

Büchner, Georg, *Lenz*, in: *Werke und Briefe*, dtv klassik, München 1988

Heine, Heinrich, *Neue Gedichte*, in: *Buch der Lieder - Deutschland. Ein Wintermärchen und andere Gedichte*, Könemann, Köln 1995

Hümmler, Hans, *Helden und Heilige*, Verlag Haus Michaelsberg, Siegburg 1954

Nietzsche, Friedrich, *Also sprach Zarathustra*, Wilhelm Goldmann Verlag, München

Nietzsche, Friedrich, *Menschliches, Allzumenschliches I und II*, hrsg. von G. Colli u. M. Montinari, Deutscher Taschenbuch Verlag de Gruyter, München 1988

Wittgenstein, Ludwig, *Philosophische Untersuchungen*, in: *Tractatus logico-philosophicus - Philosophische Untersuchungen*, Reclam Leipzig 1990

Tarkowskijs Rubljow - *Die Novelle*
auch:
ein Versuch über Sprache und Blick

Einleitung

Andrej Rubljow - Die Novelle ist der Gegenstand meiner Auseinandersetzung mit der Erzählweise Andrej Tarkowskijs. Die hier vorliegende Arbeit soll als interpretatorisches Angebot verstanden werden, sich einigen ausgewählten Inhalten des Textes zu nähern. Die zu entwickelnden Lesarten akzentuieren, sowohl in ihrer Auswahl als auch in ihren Deutungsversuchen, den Text neu. Der so entstandene Blick auf den Text lebt von Überbelichtungen einerseits und bewußter Vernachlässigung von Inhalten andererseits. Das hier vorgestellte Resultat dieser Auseinandersetzung mit Tarkowskij hat einen sehr subjektiven und prozeßhaften Charakter. Es will als Protokoll eines Lektüreweges verstanden werden.

Das methodische Erschließen der Inhalte der Novelle besteht in einem rein textimmanenten Zugang. Es erhebt nicht den Anspruch auf Vollständigkeit und strebt keineswegs einen Überblick an. Die Auswahl der von mir thematisierten Ausschnitte des Textes wirkt eventuell zu Beginn meiner Arbeit etwas unmotiviert. Sie ergibt sich aus der angenommenen Voraussicht, daß sich die Interpretamente zu einem Gesamtbild verdichten. Die angestrebte Verdeutlichung einer Kohärenz von Inhalten konstituiert sich nicht anhand der Chronologie des Textes. Vielmehr konstituiert sie sich aus einer Neuordnung dieser Inhalte nach einem Strukturprinzip, das sich an ihren semantischen Referenzen orientiert.

Mittels der literarischen Form der Prosa schafft Tarkowskij in seinem Buch eine *Bildsprache* - die, auch in dem Medium der Sprache mit *Worten* - durch ihre Visualität überzeugt. Die Novelle - Drehbuch und eigenständiges literarisches Werk zugleich - erzeugt, sowohl in bezug auf den Film als auch innerhalb des Textzusammenhangs, ein interessantes Spannungsverhältnis von Wort und Bild.

Wort und Bild

Anhand einer Gegenüberstellung zwischen filmischer und literarischer Entsprechung des selben künstlerischen Substrats (des Andrej-Rubljow-Stoffs) wird ein Zusammenhang zweier medialer Zugänge zu der historischen Figur *Rubljow* deutlich. Dieser Zusammenhang, die Beziehung zwischen visueller und begrifflicher Weltaneignung, läßt sich in seiner Übertragung auch *innerhalb des Textes* nachweisen.

Der erinnerte Film hat während des Leseerlebnisses *illustrativen* Charakter. Zugleich aber *erklärt* das Buch, durch den höheren Grad der Narration des Mediums, den Film. Andererseits kann es als Arbeitsbuch, als gedankliche Voraussetzung für den Film gelesen werden. In diesem Fall wäre das Buch das Material innerhalb eines Entwicklungsstadiums des künstlerischen Gegenstandes, quasi Tarkowskijs Weg zu *Andrej Rubljow*. Beide *Andrej-Rubljow*-Bearbeitungen Tarkowswijs können aber auch völlig unabhängig voneinander rezipiert werden. Weder das Seh- noch das Leseerlebnis lassen einen Mangel spüren bzw. streben nach einer Ergänzung.

Die Erzählperspektive des Textes, das personale Erzählen, läßt die Anwesenheit eines Beobachters erahnen, die Präsenz der Kamera spüren. Tarkowskij entwirft eine Szenerie, die durch den *Blick der Kamera* und mittels eines *literarischen Genres* wahrgenommen wird. Die Kamera ist auktoriale Instanz des Textzusammenhangs. Es gibt ganze Kapitel, in denen dieser *auktoriale Erzähler* verborgen bleibt, sich zurücknimmt. Dann wiederum sind Passagen enthalten, welche auf irritierende Weise die Macht des Kamerastandpunktes, die Präsenz des visuellen Mediums, offenbaren. Doch die Kamera fungiert gleichzeitig als *Arbeitsanweisung* für das Drehteam des Films und als *literarisches Stilelement* modernen Erzählens.

Zwischen Text und Film, zwischen Semantik und visueller Phantasie besteht ein befruchtendes Verhältnis.

In dem Maße wie sich die beiden Werke im Sinne eines Gesamtkunstwerks ergänzen, ohne jedoch zwingend einander zu bedürfen, wird das Verhältnis zwischen zwei *Wahrnehmungsmustern* zum Stilelement und zum Thema des Textes selbst.

Das Verhältnis zwischen Film und Buch eröffnet interessante Perspektiven auf den Gegenstand. Hier jedoch soll das Verhältnis zwischen den beiden Medien nur marginal berücksichtigt werden, während der Text *Andrej Rubljow - Die Novelle* unter Berücksichtigung der gleichen Perspektive befragt wird. Mich interessiert also das Verhältnis zwischen Bild und Sprache (im weitesten Sinne) innerhalb der Novelle, als Thema und Motiv des bearbeiteten Stoffs.

Sehen und *Hören*, *Blind-* und *Taubsein*; die *weißen Kalkwände* (innerhalb einer Schaffensperiode des Malers) und die *Ikone*, sein *Schweigegelübde* und die *Botschaft*; die Sehnsucht nach einem *Lied*, nach einem *Bild*, nach einer *Sprache;* ein *geblicktes, gesprochenes* oder *getanztes Argument* ... sind Modi der Novelle.

Ein gutes Beispiel für den angedeuteten Zusammenhang ist das *Glockengußkapitel.* In ihm wird jenes Verhältnis zwischen Wort und Bild metaphorisch zum Ausdruck gebracht. Boriska schafft ein Klangerlebnis, woraufhin Rubljow sein Schweigen - das Schweigen des Malers - beendet. In zweifacher Hinsicht läßt Boriskas Leistung, die in einem auditiven Ausdrucksmittel ihre Erfüllung erfährt, ein Mitteilungsbedürfnis Rubljows entstehen. Er spricht und malt wieder.

Bei der Annäherung an das Geflecht von Metaphern und Symbolen in Tarkowskijs 'Bildersprache' werden unterschiedliche Motive der Novelle von Bedeutung sein.

Von besonderem Interesse für mich sind dabei: I. weiblich konnotierte Metaphern, II. literarische Figuren des Schaffens im Zusammenhang mit Naturtopoi, III. die Überwindung eines mittelalterlichen Wertesystems, das sich durch Furcht strukturiert/sich an Furcht orientiert.

I. Weiblichkeit als Anteil eines Metapherntyps

Zwei Wagenladungen Frauenhaar

»Ihr redet alle so gern von Sachen, die ihr nicht kennt. Frauen ...«[1], so Daniel. Fortfahrend erzählt er Andrej und Kyrill ein Erlebnis: Vor fünfzehn Jahren hielt er sich in Moskau auf. Die Stadt wurde von Tataren umlagert. Kein Russe konnte Moskau verlassen. Durch die Isolierung der Stadt und die allgegenwärtige Gefahr des Angriffs wurde die Bevölkerung über Wochen einer zunehmenden Hungersnot und erdrückender Angst und Ohnmacht ausgesetzt. Als Krankheit und Selbstaufgabe die Stadt befielen, stellten die Tataren ihre Forderungen. Sie wollten Geld und zwei Wagenladungen Frauenhaar.

Daniel schildert sehr eindringlich, wie die Frauen Moskaus sich aufstellen und ihr Haar opfern, wie die Männer krank, schwach, untätig dieser körperlichen Demütigung ihrer Frauen beiwohnen. Die Schilderung erinnert an eine öffentliche Hinrichtung. Sie assoziiert auch Bilder des Stolzes Hingerichteter. Das Motiv des *weiblichen Stolzes* wird in den Text eingeführt »... nicht eine einzige Träne ...«[2] und »... vielleicht waren sie auch gar nicht unglücklich. Wer kennt sich mit den Frauen schon aus ... Erinnerst du dich, Andrej?«[3]

Tarkowskij schafft ein Bild weiblicher Solidarität und ein weiblich besetztes Symbol einer wirksamen Waffe in einer typisch männlichen Kampfsituation. Obwohl, ausgehend vom Handlungsablauf, die Frauen den Forderungen der Männer Folge leisten, besetzt Tarkowskij die *Tat* der Frauen mit Attributen des Sieges und des Widerstandes. Ihre russischen Männer hingegen begleiten die Szene in passiver Hilflosigkeit, und die Tataren stehen den Frauen mit einer mittelbaren Überlegenheit der Kriegswerkzeuge gegenüber.

Das *Frauenhaar* ist organisch gewachsen, ein Körperteil, es ist weich und anschmiegsam. Der *Säbel* ist Ersatz und Erweiterung körperlicher Extremitäten, er ist hart, schwer und aggressiv in seiner Materialbeschaffenheit. Und er bedarf noch

---

[1] Andrej Tarkowskij, *Andrej Rubljow - Die Novelle*, S.34. Im Folgenden - wenn nicht anders angegeben - beziehen sich die Seitenzahlen in den Fußnoten immer auf dieses Buch.
[2] S.35

eines weiteren Werkzeugs, dem Schleifstein, der während der gesamten Szene die Säbel schärft. Denn: »Vom Haar werden die Säbel schnell stumpf.«[4]

Die Frauen und der Gaukler
Andrej erinnert sich nicht, obwohl er als zehnjähriger scheinbar diese Begebenheit, 'gebannt auf die Frauen starrend' miterlebte. Aber nach der Erzählung Daniels wird er sie nicht mehr vergessen. Sie ist ein Leitmotiv in Tarkowskijs Text bzw. in Rubljows Leben.

Innerhalb des Gesprächs zwischen Daniel, Kyrill und Andrej reagiert er auf die Schilderung der gedemütigten Frauen und deren Rettungsaktion mit einer assoziativ geäußerten, irritierenden Behauptung auf Daniels Frage, ob er sich erinnere. »Sie hatten keinen Grund, den Gaukler zu töten ...«[5] ist seine Antwort.
Die Dialogstruktur: die Antwort Andrejs - eine Behauptung in bezug auf den *Gaukler* - auf die Frage Daniels nach der Erinnerung der Situation der *Frauen* in Moskau, läßt einen Zusammenhang zwischen beiden Motiven aufscheinen. Das weiblich besetzte Bild: *Ungerechtigkeitserfahrung/rettende Tat* assoziiert in Andrej eine Begebenheit - besetzt mit den Attributen: *Musikalität, Ekstase, Witz, Lachen* - die Figur des Gauklers, auf die ebenfalls mit Ungerechtigkeit (in seinem Verständnis) reagiert wurde. Eine mögliche Lesart, das Motiv der Frauen und die literarische Figur des Gauklers als komplementäre Bestandteile einer inhaltlichen Gemeinsamkeit zu lesen, wird nahegelegt.
Der inhaltliche Zusammenhang zwischen Frage und Antwort läßt sich nicht über eine Ebene von Folgerichtigkeit herstellen. Er ist aber aufgrund der Gesprächssituation konstitutiv. Die gegenseitige Referenz hat rein assoziativen Charakter. Somit wird eine Methode des Lesens empfohlen, eine Art des Zugangs zu Inhalten des Textes nahegelegt.

Der gegenseitige Bezug von *zwei Wagenladungen Frauenhaar* und dem *Gaukler* wird zu Beginn des Textes deutlich. Tarkowskij eröffnet an dieser Stelle eine Inter-

---
[3] S.36
[4] S.35
[5] S.36

pretationsrichtung seines Werkes, der in der hier vorliegenden Arbeit nachgegangen werden wird.

Hier soll jetzt nicht weiter auf den Gaukler eingegangen werden. Er wird aber noch im Zusammenhang mit den Modi des *Schaffens* und des *Lachens* von Bedeutung sein.

Traum

Der Traum wird von Tarkowskij immer wieder als kognitives Verfahren, das zwischen den Bahnen der Stringenz Inhalte aufspürt, ernst genommen. An dieser Stelle soll kurz der Versuch unternommen werden, jenem Verfahren im Ansatz näher zu kommen. Ein Verständnis für das Träumen - eine Sensibilität gegenüber den gedanklichen Mustern des Traumes - ist eine unverzichtbare Voraussetzung für die Lektüre (im Sinne des Autors).

Die Methode des Träumens ist eine *Sprache der Bilder* - der Empfindungen, der assoziativen Semantiken. 'Okkasionalismen' und 'Onomatopoetika' sind Ausdrucksformen dieser Methode. Die *Sprache der Wörter* hingegen ist ein System der Begriffe, der Folgerungen, Ableitungen, Paradigmen und Entsprechungen. Die Arbitrarität zwischen Zeichen und Bezeichnetem ist symptomatisch für das Verhältnis zwischen Bedeutung und Ausdruck in einem System der Worte.

Das Rätselhafte und Groteske der erträumten Welt greift die Schablone einer konventionalisierten Weltwahrnehmung an. Die Schablone von Wahrnehmung und Deutung von Welt hat sich durch Übereinkunft, Regeln, Akzeptanz herausgebildet und verfestigt. Der Traum erkundet in den entstandenen Freiräumen dieser Schablone, oder hinter ihr, neue Sinn- und Bedeutungszusammenhänge.

Die 'Sprache der Wörter' beruht auf Konventionalisierung von Sprachmitteln. Ihre strukturelle Effizienz unterliegt einer ständigen Maximierung durch die Sprachteilnehmer. Die Dekodierungskompetenz verwendeter Wörter steigt proportional mit der Häufigkeit ihrer Anwendung bei gleichzeitiger Abnutzung, Inflationierung ihrer Inhalte.

Tarkowskij entlarvt durch den Sprachgestus seiner Werke ein *System 'informativer' Vernetzung verbrauchter Inhalte*, das auf Geschwindigkeit und Abbau von Zugänglichkeitsbarrieren setzt. Gegen die *Geschwindigkeit* als Modus des Informationsaustausches behauptet er seine *Versiegelte Zeit*.

Durch die allgemeine Autorisierung des Typs 'Sprache der Wörter' bleiben Mitteilungen anderer Sprachformen (Bild, Traum, noch nicht idiomatisierte Metaphern), die im Sprachsystem noch nicht erfaßte Inhalte einklagen, noch auf der Suche sind, meist unverstanden.

Somit sind der Traum, und Tarkowskijs künstlerische Angebote überhaupt, ein Wagnis - Risiko einer ziellosen Suche, ein haltloses Graben nach ver- (oder von Begriffen über-) schütteten Inhalten, ein Interrogativ ohne Subjekt.

Das Kapitel: 'Jugend. Winter 1401' enthält zwei Tagtraumsequenzen, in denen Andrej sich doch an das 'Haaropfer' erinnert. Wieder haben wir es mit einem Dialog zu tun, in dem die Gesprächspartner nicht oder kaum bereit sind aufeinander einzugehen, der Andrejs Assoziation voraus geht. Es handelt sich um ein Gespräch zwischen Kyrill und Andrej. Kyrill macht Andrej und seiner Generation den Vorwurf der Respektlosigkeit gegenüber ihrer Umgebung, größeren Weltzusammenhängen und gegenüber den Älteren. Gefühlskälte und ein intendiertes Unverständnis in bezug auf unliebsame Dinge seien charakteristisch für die neue Generation. Es wird mehrmals erwähnt, daß sich Andrej nicht mehr aufmerksam an dem Gespräch beteiligt. Dann sagt er völlig unvermittelt: »Letzte Nacht habe ich von meiner Mutter geträumt«[6]. Dieser Gedanke läßt ihn in geistige Abwesenheit versinken. Die emotionale Anteilnahme an den Inhalten des Traumes jedoch werden in einer starken Intensität (vordergründig mit visuellen Mitteln des Erzählzusammenhangs, im Sinne einer Farben-, Licht- und Formensuggestion) geschildert. Das Gefühl gegenüber seiner Mutter, das in ihm wachgerufen wurde, wirkt als Initialzündung für die folgenden Träume. Die Träume illustrieren dem Leser in bezug auf den Textzusammenhang und in bezug auf Andrej einen Wunsch, eine Hoffnung: »... sein Herz zieht sich zusammen in dem geheimnisvollen Gefühl, etwas lange Erwartetes trete ein, etwas, das Furcht und Hoffnung zugleich in ihm weckt.«[7]

Die Umgebung, in der sich der erste Traum abspielt, ist unter Wasser. Es ergibt sich während des Lesens das Bild einer Kindheitserinnerung, eines Abenteuers innerhalb eines Entwicklungszeitraumes des Jungen, der von der allgegenwärtigen Präsenz der Mutter bestimmt war. Aber auch die Metapher des Fruchtwassers, der

---

[6]S.52
[7]ebd.

Wunsch nach jener erlebten Geborgenheit vor der Geburt wird im Rezeptionsverhalten evoziert.

Nachdem die Jungenaugen des Traumes den wehrlos offen liegenden Körper eines Schalentieres zwischen Begrenzung und Schutzwall seiner Schalen wahrnehmen, mündet der Unterwassertraum in jene Erinnerung des 'Haaropfers' in Moskau. »[ein Schaltier, F.S.] vor seine Augen hält, um zu sehen, wie es den zarten, schutzlosen Körper zwischen den häßlichen, krampfhaft zusammengepreßten Schalen verbirgt [...] Frauen, die sich in einer schrecklichen, langen Reihe über ein Feld bewegten - verschiedene Frauen, schöne und häßliche, ganz junge Mädchen, deren Lippen geschwollen waren vom Salz der fruchtlosen Tränen, die aus dem Innersten ihres Herzens strömten, und die älteren Frauen mit festem, haßerfülltem Blick.«[8]

Innerhalb des folgenden kurzen Absatzes werden die Frauen und ihre Situation eindringlich charakterisiert. Ihr Gang ist 'feierlich', die Begebenheit ein 'Spiel', ein 'absurdes Spiel'. 'Tod' und 'Schmerz' werden thematisiert. Die Frauen befinden sich in der Gegenwart des Traumes in »Erwartung eines eigentlichen und sehr schmerzhaften Todes«.[9] (Der Symbolgehalt von Exekutionschiffren und Opferchiffren wird hervorgerufen.) Die Schilderung stellt uns stolze, (in einem gewissen Sinne) freie Frauen vor Augen. Abermals wird Distanz zur Umwelt, eine Ferne gegenüber einem Außen (wie beispielsweise der Traum selbst), die mit innerer Stärke einhergehen, beschrieben. Die Charakterisierung der Frauen mit Attributen von Furchtlosigkeit, innerer Freiheit und Zuversicht wird in das *Auge* (Tränen) und ihren *Blick* verlegt. »... weit fort von sich und allem ringsum, blickten [die Frauen, F.S.] schamlos und unbeirrt nach vorn ...«[10]

Die Schilderung einer weiblich besetzten Solidaritätserfahrung kann mit dem Modus des *Schweigens* überschrieben werden. In einer schweigenden Verbundenheit, ohne Scham und ohne Zweifel retten die Frauen Moskau.

Tarkowskij vermag das Thema des Schweigens auch in Form der konkreten *Stille* des Augenblicks, in dem die Frauen ihr Haar opfern, dem Leser gegenwärtig zu machen.

---

[8] S.53
[9] ebd.
[10] ebd.

Die Konstellation der aufeinanderfolgenden Träume hat eine symmetrische Struktur. In fünf Akten erleben Rubljow und der Leser die Träume. Dem Unterwassertraum folgt das 'Haaropfer'. Die Achse der Spiegelstruktur, quasi das Scherzo der Traumthemen, bildet die Erinnerung an eine Schlittenfahrt. Daraufhin erscheinen Rubljow wieder die Frauen und abermals eine Unterwassererinnerung.

Das verbindende Moment der drei Traumthemen sind die *Kinderaugen*, die diese Erlebnisse ehemals in Andrejs Erinnerung aufgenommen haben.

In dem letzten Unterwassertraum wird erneut der *Tod* thematisiert, der auch als Überschrift der drei Träume gelesen werden kann. Die Todesnähe schafft die Verbindung zur Wirklichkeit, die Vermittlung zwischen Traum- (Innen-) und Außenwelt. Der große Baum, den Kyrill soeben gefällt hat, droht auf Andrej zu stürzen. »Von weit her vernimmt Andrej das bedrohliche, zum äußersten angespannte, hohle Knarren eines Baumes [...] 'Geh zur Seite! Weg!' brüllt Kyrill. 'Achtung! Hast du den Verstand verloren! Andrej!!!'«[11].

Nach einer inhaltlichen Annäherung an das Motiv 'Zwei Wagenladungen Frauenhaar' sollen nun zwei Bezüge zu dem Textzusammenhang der Novelle hergestellt werden. Innerhalb des Textkorpus' kann dem Motiv eine funktionale Intention zugesprochen werden. Es ergibt sich ein Spannungsbogen von Lesarten: aus der weiblich besetzten *Metapher* wird ein *Symbol* des Widerstandes; anschließend erfüllt es die Funktion eines *Arguments* innerhalb des zentralen Konflikts des Buches.

Gut und Böse im Zwiegespräch

Der erste inhaltliche Bezug des 'Haaropfers' auf eine andere Textsequenz erfolgt innerhalb des 'Gut- und Böseexkurses' zwischen Andrej und Theophanes in dem Kapitel 'Streitgespräche. Sommer, Herbst, Winter 1405'. In dieser Grundsatzdiskussion vertritt Theophanes die Auffassung, daß die Menschen in letzter Instanz böse seien, während sich Andrej mit Wut und Vehemenz gegen diese Meinung sträubt und zur Wehr setzt. Andrejs Argumente in den Gesprächen wirken hilflos. Der Gestus seines Streitens ist charakterisiert durch Stammeln, rhetorisches Fragen, Behaupten, ohne den Versuch einer Erklärung zu unternehmen, durch einen inneren unumstößlichen Glauben. 'Halsstarrig' ist er, so Theophanes. Zwei Arten von Argumenten

---

[11] S.55

benutzt Andrej in dem Gespräch: *Autoritätsbeweise* (z.B. Sergej von Radonesch) und die *Evidenz* seiner Geschichte der Frauen von Moskau.

Theophanes klagt die Menschen an. Er beschreibt sie als unveränderlich blinde, unwissende, gemeine, selbstbezogene Wesen: »Weißt du, wann die Menschen sich aus freiem Willen versammeln? [...] Nur wenn sie eine Schlechtigkeit begehen wollen! Nur dann! Das ist ein Gesetz.«[12] oder: »Wenn Jesus Christus noch einmal auf die Erde käme, sie würden ihn noch einmal kreuzigen.«[13]

Auf die Frage des Theophanes, wo Andrej denn Selbstlosigkeit gesehen hätte, antwortet er: »Überall, wo du willst [...] Die Frauen von Moskau zum Beispiel, die den Tataren ihre Haare als Lösegeld ...«[14]

Sowohl Andrej als auch Theophanes benutzen die Vorstellung von der Kreuzigung Jesu Christi als Beleg der Richtigkeit ihrer jeweiligen Auffassung. Theophanes assoziiert eine aggressive blutrünstige Situation. Er sieht Menschen, die Steine nach Jesus werfen, 'brüllend verzerrte Münder', einen 'Strudel von menschlichem Haß und Verrat', eine 'blind vom Blutrausch' über den Sohn Gottes herfallende Menge. (Die schon angesprochene Exekutionsmetaphorik erhält an dieser Stelle *eine* interpretative Entsprechung - eine Deutung, eine Bedeutung.) Seine Vorstellung wird beendet mit dem Bild von schwarzen, geschmiedeten Nägeln, die durch Handflächen getrieben werden.

Andrej hingegen stellt sich eine Szene kollektiver Solidaritäts- und Leiderfahrung vor. »... die Gesichter der Frauen waren voller Trauer, die Kinder verweint, die Männer blickten streng und gefaßt, und alle sahen auf den barfüßigen Mann, der voranging und ein schweres Birkenkreuz auf der Schulter trug, und auf den zerlumpten Bauern, der ihm half, das Gewicht zu tragen ...«[15] Die von Andrej gedachten Personen sind hilflos und tatenlos aber nicht anteilnahmslos. Sie treten nicht vereinzelt auf. Gemeinsamkeit, Trauer und Glaube sind die Charakteristika, welche Andrej an ihnen sieht.

Andrejs Jesus-Christus-Tagtraum wird mit der Vorstellung eines (eigentlich) auditiven Phänomens beendet. Das Heulen eines Hundes ist die metaphorische Antwort der Natur auf die Kreuzigung. Doch die Trauer ist zu groß, die Stimme vermag keinen ihr entsprechenden Laut zu formen. Es entsteht die groteske Wahr-

---

[12] S.103
[13] S.102
[14] S.101

nehmungsverschmelzung eines Widerspruchs zwischen Augen und Ohren: das *Bild* eines Hundes, der einen Klagelaut heraus brüllt und die *Stille*, die dieses 'Brüllen' begleitet. Das filmische Mittel der Vertikalmontage ist sehr wirkungsvoll in eine Metaphorik des Textes übersetzt worden. In der Metapher 'des gebrüllten Schweigens/der gebrüllten Stille' gipfelt Andrejs Kreuzigungsallegorie: »ein gefleckter armseliger Köter, der im Schnee saß und dem ganzen Geschehen den Rücken zukehrte, hob den Kopf und begann zu heulen, doch seine traurige, kraftlose Stimme war nicht zu hören ...«[16]

Theophanes vertritt ein Weltbild, in dem *Furcht, Macht,* und *Glaube* sich bedingende Größen darstellen. »Wo keine Furcht ist, ist auch kein Glaube!«[17] Andrej hingegen empfindet diese Deutung von Weltzusammenhängen als Sünde. In seiner Sicht ergeben *Kreativität, Vertrauen, Wahrheit* und *Glaube* einen Zusammenhang. Er reagiert mit Unverständnis auf Theophanes: »Wie du mit solchen Gedanken malen kannst - das begreife ich nicht.«[18]

Andrej begreift Glauben als ein *Erlebnis,* das sich auf der Ebene von Plausibilität nicht erklären läßt. Aus diesem Grund verwendet er in seiner Argumentation keine Erkenntnistatsachen sondern Erfahrungstatsachen als evidenten Beleg *seines* Glaubens: »Du weißt doch selbst, manchmal gelingt etwas nicht [...] nichts bringt Erleichterung, dann aber fängst du plötzlich einen *Blick* aus der Menge auf, einen einfachen, menschlichen Blick, und es ist wie eine Kommunion [...] So ist es doch?! Du schweigst?«[19] [Hervh. F.S.]

Gerechte Sünderinnen

Der zweite Bezug des Motivs des 'Haaropfers' ergibt sich in dem Bibelzitat, welches Sergej in der 'Zeit der weißen Kalkwände' vorliest. In ohnmächtiger Tatenlosigkeit erstarrt sitzt Andrejs Gruppe in der Kathedrale. Die Untätigkeit hat sie zermürbt und entzweit. Nachdem Andrej in einem emotionalen Ausbruch der Zerstörung und Verneinung die weiße Wand mit der Rußmischung beworfen hat, entsteht in der Kirche eine Atmosphäre der Spannung. Ein Raum Lebenswirklichkeit jenseits von

---

[15] S.107
[16] S.108
[17] S.105
[18] S.102
[19] S.108

Zwängen und Konventionen und jenseits von Stabilität, der keinerlei Vorhersagen, Erwartungen oder Ahnungen auf das Kommende zuläßt, wird betreten. Alles kann in diesem 'Jetzt' geschehen. In die *Stille* des Unverständnisses (Andrejs Gruppe oder des Lesers) hinein liest Sergej aus der 'Schrift' vor. Er liest jene Stelle vor, in der eine Hierarchie der göttlichen und menschlichen Wesen formuliert wird.

Das zentrale Symbol für das in der kurzen Bibelstelle entworfene Weltbild ist das *Haupt*. »Ich lasse euch aber wissen, daß Christus ist eines jeglichen Mannes Haupt; der Mann aber ist des Weibes Haupt; Gott aber ist Christi Haupt.«[20] Das Haupt konstituiert diese Hierarchie, es vermittelt zwischen den Kategorien eines unbezweifelbar affirmativ besetzten Weltbildes. Der 'falsche' Umgang (im Sinne der Bibel) mit seinem Haupt ist mit Sünde konnotiert, während das 'richtige' Verhalten den Zugang zu Gott innerhalb dieser Hierarchie ermöglicht. Das Mittel des Zugangs ist das Gebet. »Ein Weib aber, das da betet oder weissagt mit unbedecktem Haupt, die schändet ihr Haupt; denn es ist ebensoviel, als wäre sie geschoren [...] Richtet bei euch selbst, ob's wohl steht, daß ein Weib unbedeckt vor Gott bete [...] und dem Weibe eine Ehre, so sie langes Haar hat? Das Haar ist ihr zur Decke gegeben.«[21]

Während Sergej aus der Bibel vorliest, assoziiert Andrej die 'weißblonden Haare der Hexe, die über das schwarze Wasser strömen' und die 'goldenen Zöpfe, die unter dem Krummschwert in den Staub fallen'. Diese Frauen sind durch die Gesetze der Heiligen Schrift Sündeparadigmen, Symbole des Bösen. Auch Andrej erinnert sie als 'Sünderinnen'.

Wenig später formuliert er in seiner Erinnerung jene einzigartige Idee. Sein Gedanke wirkt wie eine destruktive Provokation und zukunftsweisende Programmatik zugleich in bezug auf ein christliches Weltbild des 15. Jahrhunderts. Der Ausdrucksmöglichkeit der Sprache in Andrejs innerem Monolog sind Grenzen gesetzt. Deshalb verschafft sich der Inhalt über die Struktur des Oxymorons seine Entsprechung: »Gerechte Sünderinnen«.[22]

Die Frauen - jene 'Menschen der untersten Stufe der göttlichen Hierarchie' - und die Vorgaben der Heiligen Schrift sind von Gott geschaffen. Der allmächtige Gott und das Gesetz des christlichen Wertekodex' sind die Axiome eines Weltbildes, in dem die Menschen (bzw. die Frauen) und ihre Handlungen die Ableitungen und

---

[20] S.155
[21] S.156/157
[22] S.157

Konsequenzen von Gott und Gesetz darstellen. Die Ordnung ist pyramidal: Gott, Mann, Frau ... (*ein* Gott, unterschiedlich in der Vermittlung zu Gott autorisierte Vertreter der Männerwelt - *hierarchische* Anordnung der Männer zwischen Gott und Frau - und *die* Frauen). Das 'Haupt' übernimmt die Funktion der 'obersten Befehlsgewalt' und das der durch Doktrinen organisierten Vermittlung zwischen den 'Dienstgraden' dieser Gott-Mensch-Hierarchie. Der Gnade, der Erhörung und Rettung bedürfen nur die Menschen. Gott ist der Adressat dieser menschlichen Wünsche, er verschafft Rettung, er richtet, er begnadet.

In Rubljows Assoziation wird dieses Verhältnis zwischen Mensch und Gott aufgebrochen, das 'Gesetz' in Frage gestellt, die Akzente der Hierarchie neu gesetzt. Der Retter ist weiblich und der Gerettete Gott, denn: »Gerechte und Sünderinnen zugleich, zogen in langer Reihe die Frauen ihren Weg, sagten sich los vom Gesetz und gaben ihre Ehre preis, um mit ihren Männern ihr Land zu retten und Gott.«[23]

Nach dem Regen, der die Begebenheit begleitet hatte, wird die 'Zeit der weißen Wände' zu Ende sein, und Andrej und seine Gruppe malen *ihr* 'Jüngstes Gericht'. In Analogie zu der semantischen Struktur der 'gerechten Sünderinnen' schaffen sie Andrejs 'freudiges Jüngstes Gericht' - ein weiblich konnotiertes Bild des Stolzes, der Hoffnung, der Lebendigkeit: » ... In langer Reihe gleiten sie vorwärts, die Gerechten unter den Frauen, voller Adel und Zärtlichkeit, mit schmerzhaft vertrauten russischen Gesichtern. Ihre ruhigen Augen voller Hoffnung, die einfache, gelassene Haltung überzeugen den Betrachter davon, daß sie wirklich sind und leben und dennoch Erwählte sind. Die innigen Gesichter der Schwestern, Mütter, Bräute und Frauen bieten Halt in der Liebe und in der Zukunft ... In der leeren, reinen Kirche erklingt das glückliche Lachen der Schwachsinnigen.«[24]

Die wandernde Närrin

Weinen

Eine weitere wichtige Frau im Figurenensemble des Textes ist die 'wandernde Närrin', eine 'Schwachsinnige'. Andrej Tarkowskij charakterisiert sie als: barhäup-

---
[23] S.157
[24] S.158

tig, stammelnd, aus dem Regen kommend. Wegen eines Sprachfehlers stößt sie fortwährend unartikulierte Laute aus. Ihre Augen sind ohne Neugier und ohne Angst, ihr Wesen geheimnisvoll.

In der Uspenskij-Kathedrale herrscht eine Atmosphäre der grausamen Ohnmacht. Rubljows Malergruppe hat das Vertrauen zu dem Meister verloren. Die weißen Kirchenwände erlebt Andrej wie einen Vorwurf, der »jede Hoffnung in ihm tötet und alles Menschliche, Bewußte in ihm zerstört«[25], ihn willenlos macht: »ohne Sinn und Bewegung, erstarrt in quälender Erwartung - vielleicht sogar des Todes am unerfüllten Verlangen nach Schöpfung.«[26]

Dann kommt es zu jenem beschriebenen Ausbruch Andrejs, in dem er die Rußmischung an die blendende weiße Wand wirft. Das schwarze Abbild seines Affekts wird mit Stigmata von Aggressivität und Schmerz besetzt. »Auf der schneeigen Oberfläche flammen schwarze Streifen und beschämend sinnlose, rinnende Wunden. Muster. Zickzack. Spritzer. Die kohlschwarzen Spuren seines Schlags.«[27] Während Andrejs Freunde auf seinen visuellen Hilfeschrei mit Unverständnis reagieren und ihrerseits Hilfe suchend einen mittelbaren Halt in der 'Heiligen *Schrift*' zu finden glauben, besitzt die wandernde Närrin die verständige Empfindsamkeit auf den 'Schlag' Andrejs, auf die zugefügte 'Wunde' zu reagieren. Sie weint.

Das Weinen schafft eine Atmosphäre des Verständnisses. Ein *schmerzhaftes Verstehen* verschafft sich seinen Ausdruck - ein unmittelbar körperlicher Ausdruck des Wehklagens, der Anteilnahme an Andrejs Schmerz. Dieses Mit-Leiden an seiner Ausweglosigkeit löst jene Erinnerung Anderejs an die 'im schwarzen Wasser strömenden Haare der Hexe' aus. Die Erinnerung verwebt sich in den von Sergej vorgelesenen Bibeltext über das 'Haupt'. Daran schließt sich die Assoziation der 'gerechten Sünderinnen' an, und schließlich verkündet Andrej seinen 'Festtag': »Die Zeit der weißen Wände ist zu Ende!«[28]

Die Schwachsinnige belohnt die Freude, welche aus dem geschaffenen 'Jüngsten Gericht' spricht, mit ihrem *Lachen*.

---

[25] S.153
[26] S.154
[27] ebd.

Gebären
Das nächste Auftreten der Schwachsinnigen im Verlauf des Textes ist im Kloster. Sie ist barfuß und steht kurz vor der Niederkunft. Die Beschreibung ihres Wesens, ihrer Befindlichkeit wird abermals über körperliche Sensibilität erfahrbar gemacht. Sie wird als *Naturwesen* charakterisiert, das sich in seinem Naturzusammenhang erlebt. Ihre körperlichen Sinne sind die Sensoren, mittels derer sie Naturerscheinungen dankend in sich aufnimmt. *Selbst-Bewußtsein* und ein *sensitives Bewußtsein der u n - m i t t e l b a r e n Umwelt* sind die Eigenschaften, mit denen sie Tarkowskij versieht. Durch diese Charakterisierung wirkt sie zum einen auf Rubljow authentisch (in diesem Sinne wird sie auch dem Leser vorgestellt) und zum anderen, wegen Nichtbefolgen von Konventionen, unbeholfen gegenüber einem Außen.

Ihr Gespür und ihr inneres Erleben machen sie frei und unabhängig in bezug auf eine äußere Welt, die sich über eine männlich besetzte Sprache des Spottes und äußere Aggressivität konstituiert. Die Verständigkeit der wandernden Närrin, die sich durch ihr Weinen unter Beweis gestellt hatte, ist die eine Seite der Medaille ihrer Sprache. Die andere Seite ist ihr Unverständnis gegenüber kommunikativen Äußerungen von Bösartigkeiten wie beispielsweise Spott und Aus-Lachen. Das Nicht-Verstehen ist hier keineswegs pejorativ gemeint. Es erfährt durch Tarkowskij eine deutliche Umbewertung. Die Verständigung wird durch die Reihung folgender Verben thematisiert: verstehen, sehen, spüren. »Die Schwachsinnige kümmert das alles nicht. Sie versteht den Spott nicht, sieht das bösartige mokante Lächeln nicht, sie spürt unter den bloßen Füßen die herbstliche Kühle der Erde, atmet gierig die herbe Luft, die nach moderndem Laub riecht.«[29]

In der Geburtsszene, die von den Streitigkeiten der flüchtenden Bauern begleitet wird, wiederholt sich die Dichotomie *weiblicher Solidarität* und *männlicher Untätigkeit*.

Darja, die Frau eines Bauern: »'Keine Angst, Kindchen, wir machen das schon alles, sofort, sofort' ... Sie legt ihre Hände auf den Bauch.«[30]

Während sich draußen (begleitet von den Schreien der Gebärenden) die Gewalt zwischen den Bauern untereinander und die Drohungen der Männer des Großfürsten

---
[28] S.157
[29] S.195
[30] S.202

zuspitzen, wird in der Scheune ein Kind geboren. Dieses Ereignis verdrängt im Textzusammenhang die kriegerische Auseinandersetzung. »In hoffnungsvoller Erwartung des frohen Ereignisses«[31] gilt die gesamte Aufmerksamkeit der Umstehenden (und des weiteren Verlaufs des Textes) dem Neugeborenen. Die Mächtigkeit des Naturereignisses, der Geburt eines neuen Menschen, schafft einen Waffenstillstand, und der Sohn der 'Schwachsinnigen' kommt als Friedensstifter auf die Welt.

Als Darja das Kind der erwartungsvollen Menge offenbart, kommt es zu einer erneuten Überraschung. »'So was!' sagt jemand betreten. 'Ein kleiner Tatare!' [...] 'tatsächlich ein Tatarenwürmchen!'«[32]

Das Neugeborene ist die Verkörperung der Vereinigung von Tatare und Russin. Die Metapher der Geburt ist aufgeladen mit dem semantischen Gehalt einer reichhaltigen Motivgeschichte. Aber das Symbol der Geburt leistet in der Korrespondenz mit dem Bild des Mischlings und der Einbettung in den Zusammenhang der Geschichte seiner Mutter wesentlich mehr. Zwei unversöhnliche, mit jahrzehntelang untereinander zugeführten Leiderfahrungen besetzte Parteien, zwei kollektive Bewußtseinskonzepte, die sich über Generationen als affektiv verinnerlichte Tod-Feinde gegenüberstanden, vereinigen sich in diesem Menschen und schaffen ein Bild der *Versöhnung*.

Die Momente, die das Bild des Neugeborenen in den Textzusammenhang bringt, bzw. die Anteilnahme der Bauern an der Geburt vermögen, ein kollektiv getragenes Muster von gesellschaftlichen Lebenszusammenhängen zu beseitigen, ein Feindbild aufzulösen. Die natürliche Forderung des Neugeborenen, die Reinheit seines Wunsches nach Leben, das Verlangen eines Körpers, der noch keine gesellschaftliche Erfahrung kennt, sind das schlagkräftigste Argument.

Ein Geflecht von Haß, Folter, Neid, Rache, Schmerz (auf der einen Seite), die Evidenz des Drängens nach Leben und Zukunft einer reinen Seele, die Gier nach den ersten Zügen Luft (auf der anderen Seite) bilden eine paradoxe Konstellation aus Lebensvermeidung und Lebensaffirmation.

Doch die Forderungen des Neugeborenen sprengen die Mechanismen jener gesellschaftlichen, historisch gewachsenen Konvention und behaupten jenseits von

---

[31] S.215
[32] ebd.

Erklär- oder Widerlegbarkeit: *Hoffnung.* »'Es ist *unser* Tatarensöhnchen!' lächelt Semjon. 'Ein russischer Tatarensohn!'«[33] (Wieder bedarf es für die Mitteilung dieses Inhaltes der Struktur des Oxymorons.)

Sprechen

Die 'Schwachsinnige' hat also jenes Wunder, jene Tat vollbracht. Sie hat die Inkarnation lebendiger Hoffnung geschaffen. Rubljow hingegen befindet sich noch in der Phase seiner Untätigkeit. Er versteckt sich in seinem Schweigegelübde. Kein Ausdrucksmittel scheint ihm angemessen, um mit dieser Welt in Verbindung zu treten. Und keinen Inhalt gibt es, der nach einer Form verlangt.

Im Schweigen, in ihrer Weltabgewandtheit und inneren Stärke waren Andrej und die 'Schwachsinnige' immer miteinander vereint. Doch plötzlich vollzieht sich mit ihr eine Verwandlung, ein erneutes Wunder. Es gibt nun im Lebenshorizont der Mutter einen Grund zu sprechen. Sie durchbricht die Schranke des Schweigens zwischen sich und der Außenwelt für ihren Sohn. Ohne Ankündigung, ohne Zweifel, ohne Erkärungsbedarf formuliert sie ihre ersten Sätze in der Novelle. Es sind Sätze gegen Sätze. Eingeklagt wird die Vermeidung von Sprechen. Gleichzeitig handelt es sich um einen konkreten Ausdruck ihres Wunsches - um eine sprachliche Formulierung - die Überwindung des Schweigens: »'Still ... warum schreit ihr denn so?'«[34]

Die literarische Figur der 'wandernden Närrin' hat innerhalb des Textzusammenhanges die Funktion einer Antizipation vieler Momente der Gestalt und Entwicklung Rubljows. Sie hat Beispielcharakter und kann durchaus als weibliche Folie eines Psychogramms von Andrej gelesen werden. Oder anders gesagt: die wandernde Närrin *zeigt* Andrej Rubljow, wie's gemacht wird.

Die Hexe - seine Schmach, seine Sünde, sein Traum

Anhand des beschriebenen zweiten Bezuges des 'Haaropfers' auf den Gesamttext wurde bereits ein Zusammenhang zwischen dem *Weinen der Schwachsinnigen*, den *weißblonden Haaren der Hexe im schwarzen Wasser* und den *gerechten Sünderinnen*

---

[33] ebd.
[34] S.216

angedeutet. Im Text lassen sich mehrere Nachweise erbringen, die einen assoziativ zitierenden Charakter (vergleichbar mit einem Bildzitat) der einzelnen Weiblichkeitssymbole untereinander schaffen. Die detaillierte Beschreibung der gegenseitigen Referenzen von den 'gerechten Sünderinnen', der 'Schwachsinnigen' und der 'Hexe' soll hier nicht Gegenstand der Auseinandersetzung sein. Es ist aber sinnvoll für das Verständnis der folgenden Kapitel, den Gestus des Verweisens des einen Weiblichkeitsbildes auf ein anderes mitzudenken. Die literarische Gestalt der Hexe ist eine Facette des Modus *Weiblichkeit* in der Novelle.

An dieser Stelle sei als *eine* angemessene Lesart die These der *Synonymie von Schwachsinniger und Hexe* vertreten.

Instinkt der Liebe

Die Begegnung Andrejs mit den Heiden (Kapitel 'Fest. Frühling 1408') wird mit einem musikalischen Vorspiel eingeleitet. Die *Natur* singt ihm ein Lied. Das Frühlingsgezwitscher einer Nachtigall erfüllt den Wald mit ihrer Melodie. Andrej will nur den reinen Klang dieses Vogels hören, obwohl deutlich Pfeiftöne und lautes Trillern in der Reihung von Strophen vernehmbar sind. Während für Andrej das Singen der Nachtigall das Lied der Menschen aus dem Wald übertönt, scheint es für Fomas Wahrnehmung und im Verlauf des Textes auf die Melodien des Menschen zu antworten. Es entsteht ein polyphones Klanggebilde, ein gemeinsames Musizieren zwischen Mensch und Natur. Das Tönen der Menschen schwillt an und geht einher mit der Reaktion der Nachtigall: »ein klingendes Vibrato, das plötzlich mit dem immer kühner werdenden Lied der Nachtigall zu einem wunderbaren, zauberhaften Zwiegesang verschmilzt.«[35] Durch das gemeinsame Crescendo tönt es in dem Wald lauter und weiter. Von den durch den Wald getragenen Harmonien und Stimmen, geheimnisvollen Geräuschen und einem 'disharmonischen, lockenden Gewirr von Klängen' animiert, fallen mehr Nachtigallen in den Chor ein.

Den gemeinsamen, dem Lied eingeschriebenen 'Text' ihres Singens benennt Tarkowskij mit dem Wort *Liebe*.

Im Verlauf des Dorfbesuches wird die Bedeutung des *menschlichen* Liebesrufes illustriert. Doch zuvor singen Mensch und Natur mit den unterschiedlichen Stimmen ihres Ausdrucks ein gemeinsames Lied. »Die rätselhaften dörflichen Laute ver-

---

[35] S.135

schmelzen mit dem ekstatischen Liebesruf der Nachtigallen - es scheinen jetzt drei zu sein oder vier.«[36]

Die Vorstellung des Friedens singender Vögel im Wald ist ein Bildzitat der *schwimmenden Schwäne* neben dem Farnfeld aus dem Kapitel 'Die Jagd. Sommer 1403'. Dort beobachteten ebenfalls Foma und Andrej durch das dichte Farngestrüpp hindurch die Anmut der Schwäne und lauschten ihrem »zärtlich einlullenden 'Ang ... Ang ... Ang ...'«[37]

Tarkowskij beschreibt ein Schwanenpaar aus Andrejs und Fomas Beobachtung. Ihre Wahrnehmung vollzieht sich in dem Satzmodus der *Frage*. »Vielleicht, daß sie, aller Gefahren der Welt vergessend, erzitternd nur einer den andern spüren und ganz jener wunderbaren, nie versiegenden Kraft gehorchen, die, von Generation zu Generation, von Geschlecht zu Geschlecht überliefert, den *Instinkt* der Liebe und der tragischen Unwandelbarkeit rein und intakt hält? Vielleicht träumen sie auch nur, lauschen sich selbst und der Natur in ihnen und warten auf das Wunder, dessen Kraft sie wieder in Menschen verwandelt?«[38] [Hervh. F.S.]

Geblickte Zärtlichkeit

An dem Morgen nach dem Tag des Festes der Weltlichen verläßt Andrej das Dorf wie ein 'Dieb'. Die Umgebung wird als eine in sich geschlossene Gemeinsamkeit beschrieben, in der sich Andrej als Fremdkörper empfindet, die ihn abweist. Die Welt der körperlichen Zärtlichkeit ist ihm fremd. Die für Andrej vernehmbaren Töne und Laute klingen feindlich in seinen Ohren. Ihre Sprache macht für ihn keinen Sinn. »Dankbare Seufzer, zärtliches Flüstern, die Atemzüge Schlafender, stilles glückliches Lachen aus jeder Scheune, aus jedem taubedeckten Strauch.[39]«

Eine alte Frau, an der er vorüber geht, beachtet ihn nicht. Sie ist scheinbar auch außerhalb des feierlichen Ausklingens der gestrigen Erlebnisse. Tarkowskij bindet sie aber diachron in die Erlebniswelt des Dorfes ein. »Sie weint, weil dieser Morgen so sehr einem anderen, ebenso stillen und verträumten Morgen gleicht, der viele, viele Jahre zurückliegt.«[40] Abermals ist das *Weinen* ein weibliches Ausdrucksmittel,

---

[36] S.137
[37] S.73
[38] S.72
[39] S.141
[40] ebd.

das auch an dieser Stelle Verständigkeit und Anteilnahme in bezug auf das Dorffest bezeugt. Es vermag durch die affektive körperliche Äußerung die zeitliche Distanz in ihrer Erinnerung aufzuheben und ihr lange zurück liegendes Dorferlebnis im Schmerz gegenwärtig zu machen.

Die abweisende Grundstimmung und das latente Vorhandensein einer Schuldempfindung Andrejs, die durch das Bild des 'Diebes' hervorgerufen werden, hat sich erst durch den Einschnitt des Schlafes ergeben. In der Nacht zuvor werden das Dorf und Andrej mit einem genau gegenteiligen Muster beschrieben.

Das gemeinsame Lied der Nachtigallen und Dorfbewohner eröffneten ihm jene Erlebniswelt. Die folgende Begegnung mit der 'Hexe', das zentrale Ereignis des Abends, wird mit Attributen von Einladung, Vertrauen, Wunsch, Zärtlichkeit, Freude, Erwartung, Erstaunen, ausgehend von ihr und ausgehend von Andrej mit Neugierde, mit unbedachtem reinen Interesse, Wachsamkeit, mit Sehnsucht nach körperlicher Nähe und Anschmiegsamkeit, mit dem unschuldigen Affekt eines Wunschtraums besetzt.

Tarkowskij verlegt die Beschreibung beider Wünsche wieder in das 'Medium des Blicks'. Somit hat einmal der 'Blick' einen medialen Charakter in bezug auf den Leser. Die kleine Narration ihrer jeweiligen Wunschträume wird quasi über das Ausdrucksmittel des Blickes transportiert. Zum anderen ist auf der Ebene des Handlungszusammenhanges der Blick das Ausdrucksmittel für die Formulierung einer gegenseitigen Zuneigung jenseits von Sprache. Der Austausch von Inhalten, die Mitteilung einer Sehnsucht und Zärtlichkeit erfolgt mit den Augen. Folgerichtig hat die Beschreibung im Text auch die Struktur des Dialogs. Sie beantworten sich gegenseitig die 'geblickten' Wünsche. »Sie blickt Andrej an und sieht - er wird zu ihr kommen, die Arme ausgestreckt, wird ihr Gesicht berühren, sie zärtlich und fest umarmen [...] Und Andrej blickt sie an und sieht, daß sie ihm entgegenkommen wird, ohne Scham, mit weit geöffneten Augen ...«[41]

Das *Auge* als ein sich wiederholendes Motiv enthält auch die Semantik seines dunklen Gegenübers. Tarkowskij widmet ein ganzes Kapitel ('Die Blendung. Sommer 1407') den 'schwarzen leeren Augenhöhlen' der Baumeister. Das Bild einer blutenden schmerzenden Blindheit und das hilflose Klopfen und Stolpern der sich suchenden Freunde und Arbeitsgefährten nach dieser grausamen Gewalttat ist der Metapher des Auges mit eingeschrieben. Bei einer deutlichen Akzentuierung dieser dunklen Anteile der visuellen Metaphorik Tarkowskijs erfährt seine Bildsprache, der Einfall des Lichts in seinen Geschichten, die Farbigkeit seiner Worte, die Augen der Hexe, eine weitere Dimension.

Ein wilder Körper
Am darauffolgenden Tag wird die Gruppe um Andrej Zeuge von Gewalttaten an der 'Hexe' und ihrem Begleiter. Der Frau werden die Arme auf den Rücken gedreht und Holzscheite zu einer mit eingerammten Pfählen versehenen Stelle gebracht. Die Hexe soll verbrannt werden. Wieder ergeben sich die Assoziationen der Hinrichtungsbeschreibungen, die in der Chronologie des Textes dieser Szene vorangestellt wurden. Das Bild 'Hinrichtung der Hexe' korrespondiert vordergründig mit den schon thematisierten Kreuzigungsvorstellungen von Andrej und Theophanes innerhalb ihres 'Gut- und Böseexkurses'. Die 'fliegenden Steine', die 'verzerrten Münder der Beschimpfung', eine 'unwissende körperliche Aggressivität' aus Theophanes Kreuzigungsvorstellung wiederholen sich.

Die entscheidende Abweichung gegenüber der Kreuzigungsgeschichte besteht in der erfolgreichen Gegenwehr der Hexe und ihres Begleiters. Die 'hastig eingerammten Pfähle' für die 'Hexe' bleiben leer.

Während Jesus sich mit dem Gestus des Ausgeliefertseins, der Passivität, des Vergebens und der Liebe gegenüber seinen Mördern an das Kreuz nageln läßt, setzt sich die 'Hexe' zur Wehr. Das Jesussymbol ist ein Bild des *Todes* und der Auferstehung im Jenseits. Die Figur der 'Hexe' hingegen behauptet Widerstand, körperlichen Kampf, Flucht, Rettung; ein Bild des *Lebens* im Diesseits.

Das Bild eines pulsierenden weiblichen Körpers im Wasser und das schon beschriebene 'geblickte Liebesangebot' sind die Argumente gegen eine am Jenseits orientierte männlich besetzte Errettung des Menschen. Die 'Hexe' ist eine Metapher der *Mystik im Diesseits*. »Die Hexe nähert sich den Booten. Andrej sieht sie an und traut seinen Augen nicht - es ist dieselbe, von gestern nacht, seine Schmach, seine Sünde, sein Traum ... Sie schwimmt schnell, ohne zu ermüden, und schaut ihn aus dem Wasser heraus mit grauen Augen unverwandt an, schnaubt wie ein Tier, mit

---

[41] S.140

bebenden Nüstern. Im grünen Wasser das gebrochene, strömende Bild ihres jungen, wilden Körpers.«[42] [Hervh. F.S.]

Die Beschreibung der Hexe mit Attributen des Tieres, mit dem Tarkowskijschen Topos der 'bebenden Nüstern seiner Pferde', ist an dieser Stelle besonders interessant. Das Wissen um die Vermittlung der Weiblichkeitsbilder mit den Naturtopoi bzw. die partielle semantische Kongruenz der Metaphorik der Frauenfigur und des Natur-/Tierbildes ist für das Verständnis des folgenden Kapitels *Naturtopoi* von Bedeutung.

Das Kapitel 'Weiblichkeit als Anteil eines Metapherntyps' abschließend soll noch an 'Frauen' in Texten, die für Tarkowskijs Schaffen wichtig waren, kurz erinnert werden. Eine weibliche Emotionalität, die sich selbst durch ein 'Androidendasein einer erinnerten Harey' hindurch in Stanislaw Lems *Solaris* zu äußern vermag, das Vertrauen und die Liebe der Ehefrau Roderic Schucharts aus: Strugazki, *Picknick am Wegesrand* und die telekinetischen Fähigkeiten seiner Tochter, dem 'Äffchen', seien an dieser Stelle erwähnt.

Die Weiblichkeitsbilder in den genannten Texten und in Tarkowskijs filmischen Interpretationen sind charakterisiert durch: Stärke, Wärme, Opferbereitschaft und einer geheimnisvollen unumstößlichen inneren Kraft, welche sich durch eine 'Maschine' (Harey) oder die Mutation (des Äffchens) hindurch oder innerhalb der Konstellation der 'Ehe zu einem Schatzgräber' einen Weg suchen.

II. Naturtopoi und Paradigmen des Schaffens

»Die Tradition der Signaturenlehre, in der die Natur eine Sprache ist, hält entgegen der kausalistischen Naturdeutung daran fest, daß das Geheimnis der Natur in ihrem

---

[42] S.144

Schriftcharakter liegt - nicht in ihrem 'mathematischen' Funktionieren.«[43] so Hartmut Böhme in einem Aufsatz zu den späten Filmen Tarkowskijs.

In dem nun folgenden Kapitel soll jenem 'Geheimnis' nachgegangen werden. Die Verständigung mit der Natur (als ein Topos im Werk Tarkowskijs) soll möglichst transparent gemacht werden. Natur soll gelesen, ihr soll zugehört werden. Dabei wird vordergründig der Zusammenhang zwischen *Natursymbolik/Beschreibung von Naturerscheinungen* und den *literarischen Figuren des Schaffens* von Bedeutung sein.

In einigen Fällen metaphorisiert Natur: *Kreativität, Intuition*. Andererseits gibt es Beispiele, in denen die *Überwindung von Vorgaben der Natur*, ihre Aneignung, für das Schaffen stehen.

Weiterhin werden im Zusammenhang mit Natur die *Sehnsucht nach Ausdrucksmöglichkeiten* und der *Ausdruck* selbst als Bestandteile des Sujets des Schaffens thematisiert. Affektiv besetzte Empfindungsäußerungen wie *Lachen, Weinen* oder aber die Grenzen des Ausdrucksvermögens, quasi als Negativ des Ausdrucks, wie das *Schweigen*, sind beispielhaft für die Metaphorik jener Inhalte.

Auch das *Bild der Blindheit* als eine Seite des Sehens - analog zur Umkehrung von Ausdruck/Veräußerung - gehört in den Zusammenhang des Schaffens (besonders, da es sich um Künstler und Baumeister handelt). Sowohl als Voraussetzung für Kreativität (wie das Sehen die Bedingung für das Malen ist) als auch als perzeptive Größe im Rezeptionsverhalten und schließlich als Naturerleben und menschliche Weltaneignung thematisiert Blindheit (als Umkehrfigur des Sehens) Anteile des Schaffens.

Die vier im Text vorkommenden Personen, die als Beispiele für den Modus des Schaffens stehen, sind: der *Gaukler* - der Bezug zur *Tat* und zum *Lachen* wurde bereits erwähnt -, *Ikarus* (so soll der Bauer, der den Flugversuch unternommen hat, im weiteren Verlauf meiner Arbeit genannt werden), der *Erfinder* (der die Uhr konstruierte) und *Boriska* (der 10/14-jährige Glockengießer). Die bereits untersuchten Weiblichkeitsbilder können ebenfalls in diese Reihe mit aufgenommen werden (als *Chiffren der weiblichen Tat*). Sie sollen unter der Perspektive *Naturmetaphorik/Schaffen* jedoch nicht noch einmal thematisiert werden.

Während der Analyse der vier Figuren des Schaffens ist immer eine metaphorische Referenz zu Andrej Rubljow mitzudenken. Der textimmanente Bezug wird nicht

---

[43]Hartmut Böhme, *Ruinen - Landschaften*, in: *Natur und Subjekt*, S.372

weiter ausgeführt, soll aber hier behauptet werden. In diesem Sinne leisten der Gaukler, Ikarus, der Erfinder und Boriska eine Stellvertreterfunktion. Sie bilden quasi eine Folie für das Persönlichkeitsbild Andrej Rubljows - einen illustrativen Graphen seines Psychogramms.

'Gott hat uns den Priester gegeben und der Teufel den Gaukler'[44]

Ohne Worte
»In der Mitte der Scheune macht ein schmächtiger Mann mit übermäßig großem Kopf einen Handstand, zappelt mit den Beinen und kreischt wie ein Ferkel. Sein Hemd hängt ihm über dem Kopf und läßt einen schmutzigen, eingesunkenen Bauch sehen.«[45] Die Darbietung des Gauklers wird als eine musikalische und schauspielerische Entäußerung von *Ekstase* beschrieben. Er springt wie eine Ziege durch die Scheune, schlägt das Tamburin auf Knie und Stirn, er humpelt, hüpft, tanzt, schneidet Fratzen. Einem erregten geheimnisvollen Schellengerassel folgt ein hysterisches Flüstern, dann ein gellender Schrei, der von einem Luftsprung begleitet wird, und schließlich entblößt er sein Hinterteil und hält es der begeisterten Menge entgegen.

Rhythmik und Körpersprache sind die dominierenden Ausdrucksmittel des Gauklers. Die *Grenzüberschreitung* gesellschaftlicher Normen bei der Verwendung seiner Rhythmus- und Körpersprache - die Überwindung des reglementierten Menschen - ist sein Programm. Mehrmals wird sein Gebaren mit Tieren verglichen (Ferkel, Ziege, Wolf). Bei seiner dargebotenen 'Geschichte' scheint es sich auch um die Lebenswirklichkeit von Tieren bzw. um ein fabelähnliches Schaustück zu handeln. Auf der Bandbreite von *Metrik eines musikalischen Rhythmus'* bis zum *am Tier orientierten Körperausdruck* entsteht sein *Tanz*. In der Spannung zwischen einer typisch menschlichen, auf Wiederholung beruhenden Struktur der Ordnung und einem tierisch affektiven Rausch entlädt sich des Gauklers Spiel. Sein Körperausdruck aus Metrik und Chaos erinnert an den Veitstanz. Die Lebendigkeit seines Tanzes ist orgiastisch. Seine Anteilnahme läßt sich nicht in eine graduelle Unterscheidung von Darsteller und Dargestelltem unterteilen; sein Singen, Tanzen, Dichten, Musizieren wird mit den Charakteristika der Selbstaufgabe beschrieben.

---
[44]so Kyrill, S.29
[45]S.25

Und folgerichtig endet das Spiel zwischen den widerstrebenden und gleichzeitig sich 'hochschaukelnden' Momenten *Rhythmus* und *Affektion* im Crescendo der völligen Erschöpfung.

Die Begeisterung überträgt sich auf die Zuschauer. Der gesamte Raum wird von dem Lied und der Bewegung vereinnahmt, »alles verfließt in ein wildes, verrücktes Karussell.«[46] Musikalität und Gebärdensprache erreichen einen Grad der Suggestion, der die Semantik einer erzählenden, erklärenden Sprache verdrängt. Der Wort-Text seines Liedes wird unwichtig. Das Geräusch und die Bewegung vermögen mehr zu sagen, und vermitteln das kollektiv empfundenes Verständnis einer gemeinsamen Freude. Das Verständnis zwischen Gaukler und Publikum erfolgt im Modus des Lachens als Verständnis der Affekte - als *Verständnis des Lachens* (im Gegensatz zum Verständnis mit Worten). »Es ist so ansteckend, daß die Bauern im Takt mitzuklatschen beginnen, und selbst als die Worte völlig unverständlich werden, geraten die Zuhörer außer sich vor Lachen.«[47]

Diese *Relevanzverschiebung zwischen Wort und Musikalität/Wort und Lachen* wird im darauffolgenden Text anhand eines Dialogs bestätigt und direkt (als ein Inhalt des Buches) thematisiert. Das schlagende Argument gegen das Wort ist ein tief empfundenes körperliches Verstehen des Gemeinten, welches sich wieder im Lachen äußert: »'Aber wie ist es ausgegangen? Hab' ich da was verpaßt?' 'Wieso hast du dann gewiehert?' 'War doch komisch!' 'Eben. Was soll das also: Verpaßt, verpaßt! Du Einfalt aus Smolensk!'«[48]

'Und das ist noch lange nicht alles'

Der Gaukler - als Muster eines Persönlichkeitsbildes der literarischen Figuren des Schaffens - lebt in einem gesellschaftlichen Kontext, welcher sich über Grenzen und Verbote definiert. Er ist als Person dieser Machtstruktur ausgesetzt. Seine Inhalte der Freude, der Lebendigkeit und der Musik artikulieren sich in den Nischen, im Verborgenen dieses Systems. Der Gaukler schafft den 'weißen Fleck' in einer Struktur der Ordnung, welche ihn mit ihren Urbanisierungsbestrebungen zu tilgen versucht. Von zwei Seiten wird er angegriffen. Der Klerus verurteilt seine Lebensart nach den

---

[46]S.27
[47]ebd.
[48]S.28

christlichen Wertevorstellungen, und der Fürst mißbilligt seine kleinen Feste ebenfalls und besitzt auch die exekutive Macht, ihn zu internieren.

Trotz dieser äußeren Bedrohung tanzt, singt und lacht er. Innerhalb einer festen Struktur, die sich über gesellschaftlich verbindliche Vorgaben des Lebensentwurfs bei Androhung von Gewalt, Kerker und Tod konstituiert, innerhalb einer Atmosphäre des Verrats und des Mißtrauens - »Es findet sich immer jemand, der bereit ist, dich zu verraten, was soll's ...«[49], so der Gaukler - inszeniert er seinen *Tanz der Freiheit*. Hemmungslosigkeit und Mißachtung gegenüber dieser übermächtigen Struktur des *Todes* sind Inhalte von seinem 'Lied' des *Lebens*.

Die gesellschaftliche Macht, ein engmaschiges Netz aus Verrat, Folter und Gesetz, spürt ihn auf. Kyrill denunziert ihn.

Nach 20 Jahren 'Öde von Bjelosersk', im 'kalten Turm', in Isolation von menschlichen Beziehungen und Gedankenaustausch - »Zu zweit oder dritt ging es, aber wenn man allein war ...«[50] - nach körperlicher Mißhandlung an dem Organ seines musikalischen Ausdrucks - »Als allererstes haben sie mir doch die halbe Zunge abgeschnitten!«[51] - nach all der menschlichen Demütigung und Qual hat der Gaukler weder seine Dankbarkeit und Güte noch seine Lebensfreude eingebüßt. Seine Sprache ist wie vor 20 Jahren der *Witz*.

Über die Barrieren der Mißhandlung seines Sprechorgans hinweg stammelt er seinen *furchtlosen Durst nach Leben* in den Ausdrucksformen: Lied und Witz.

Nach der kurzen Schilderung eines grausamen Ausschnitts seiner Biographie befragt ihn Andrej nach der Furcht vor den Menschen, vor der Welt, bei einem solchen Erfahrungshintergrund. Rubljow überträgt die Leiderfahrung des Gauklers direkt auf die Naturerfahrung der *Dunkelheit*, bzw. Tarkowskij bedient sich bei der Charakterisierung des Gauklers lichtmetaphorischer Mittel. Auf Andrejs Frage, ob er sich denn nicht in der Dunkelheit fürchte, antwortet er: »Und du?«, und als dieser verwundert verneint: »So ein Spaßvogel ... Und warum dann ich?«[52].

Eingeschnürt in eine Welt von Zwängen, Macht und Gewalt behauptet Tarkowskij einen Typ des Schaffens. Die künstlerischen Ergebnisse seines Schaffens orientieren

---
[49] S.274
[50] ebd.
[51] S.274/275

sich nicht an Beständigkeit oder Wiederholung, einer Verwertbarkeit oder einem Zweck. Das Kunstprodukt dieses Typs ist charakterisiert durch Vergänglichkeit, unmittelbaren Kontakt zum Rezipienten und einem Entstehungsprozeß, der keiner *Strategie* des Schaffens entspricht, sondern einem *Impuls* gehorcht, in dem ein Gefühl nach seinem Ausdruck verlangt.

Aus der Lebenserfahrung einer allumfassenden Restriktion heraus freut sich der Gaukler auf seine kommenden Erlebnisse und Späße, auch auf seine traurigen Lieder. Mit einem ironischen Gestus der Drohung kündigt er der Welt seine gesungenen, getanzten, gelachten Taten an: »'Nach diesen zwanzig Jahren bist du ja sehr munter!' [so Daniel, F.S.] Aus der Dunkelheit klingt das Lachen des Gauklers herüber, der ruft: 'Und das ist noch lange nicht alles!' Durch die nächtliche Stille klingt gedehnt ein trauriges russisches Lied. Der Spielmann singt.«[53]

Wie ein Engel fliegt er über die Erde

Während die Ausdrucksweise des Gauklers durch Animalisierungscharakteristika beschrieben wurde und sich durch Überschreitungen menschlicher Normen und die tendenzielle Ablehnung der Institution des Wortes und durch eine *Leibes-Behauptung* auszeichnete, wagt Ikarus den *Versuch sich Gott zu nähern*.

Des Ikarus' Sprache ist das Fliegen

»In Andrejs Augen steht die hilflose Qual eines Menschen, der sich in einem Augenblick *der Sprache beraubt* sieht, da er allen, die ihn hören können, etwas für sie Wichtiges, Lebenswichtiges zu sagen hat. Mit schwermütiger Neugier horcht Andrej tief versonnen auf die *vielstimmige Welt*, die ihn umgibt.«[54] [Hervh. F.S.] Diese Beschreibung Andrejs eröffnet den Rahmen, der die 'Ikarussequenz' umschließt. Daran anschließend wird die Verfolgung und Flucht eines Bauern geschildert. Wieder fliegen Steine und aufgebrachte Flüche dem Verfolgten nach. Die 'verzerrten Münder' aus Theophanes' Kreuzigungsvorstellung und die 'leer gebliebenen Pfähle' für die Hexe scheinen durch die Beschreibung hindurch. Aber auch der Bauer, der

---

[52]S.275
[53]S.276
[54]S.159

sich auf den Weg in den Himmel gemacht hat, der in das Aggregat der Luft flüchtet (während die Hexe im Wasser Schutz fand), entschlüpft der scheinbaren Übermacht der Menge. Wieder wird durch die assoziative Querverbindung zur Kreuzigung eine Opposition zur Passivität gegenüber einer gefährlich aufgebrachten Menge gesetzt.

Ikarus erobert das Reich der Vögel. Er überwindet die unmittelbaren Grenzen der Physiognomie des Körpers mit den Mitteln menschlicher Erfindungsgabe. Ikarus ist Protagonist einer Naturentdeckung, -eroberung eines scheinbar unerreichbaren Lebensraumes. Er partizipiert aber auch am Reich Gottes (in dem mittelalterlichen Verständnis). Diese Grenzüberschreitung ist, ausgehend von der Perspektive der Menge, besetzt mit Attributen der Selbstüberschätzung und Gotteslästerung aber auch der Annäherung an Gott und einer heiligen Tat. Nachdem die Verfolgung und die Flüche wirkungslos blieben und sich Ikarus in die Luft erhebt - »Wie ein Engel fliegt er über die Erde.«[55] -, überträgt sich die Evidenz dieses Ereignisses in Form von Begeisterung auf die Menge. »Die erschütterten Menschen werfen sich auf die Knie, denn offenbar und grenzenlos ist die Heiligkeit eines Menschen, der sich zum Himmel erhebt.«[56]

Ein trauerndes schwarzes Pferd und ein glücklicher sterbender Bauer
Ein schwarzes Pferd mit 'bebenden Nüstern und wild rollenden Augen' (vgl. die 'bebenden Nüstern' der Hexe) bildet den abschließenden Rahmen der Ikarussequenz.

Nachdem der Bauer abgestürzt ist, stirbt er einen *glücklichen Tod*. Das glückliche Sterben, das Fliegen und der Himmel sind Chiffren der Hoffnung - Utopiebilder. Im Sterben lächelt Ikarus der Bauer und schaut in das Ziel seines Unternehmens: »das lächelnde, blutüberströmte Gesicht zum Abendhimmel gewandt, der in den wilden, verstörten Augen gläsern erstarrt.«[57]

Während der Gaukler über die Grenzen *gesellschaftlicher* Zwänge hinweg furchtlos im Austausch mit der Welt/in der Welt steht, überwindet Ikarus die *natürlichen* Grenzen einer Vorgabe des Lebensraumes, bricht die Konventionen eines *christlichen* Weltbildes und überwindet mit einer inneren Zufriedenheit über seine Eroberung die Furcht vor dem *Tod*. Ikarus löst sich durch seine Freude an dem kurzen

---
[55] S.160
[56] S.161
[57] S.161

Gelingen seines Unternehmens von der Umklammerung einer irdischen Existenz. Sein Fliegen überbietet den Tod. Sein Er*lebnis* vernichtet die *Furcht* - den Tod.

Das schwarze Pferd ist der einzige Zeuge eines furchtlosen Sterbens des geflogenen Bauern. Die *Natur betrauert Ikarus* (wie in dem schon beschriebenen Bild des 'lautlosen Brüllens' eines Hundes, der Christus betrauerte). Die sterbenden Augen des Abgestürzten sind zum Himmel gerichtet. Ikarus und den Leser (oder den Kinobesucher) erreichen ein stillt Ruf der Natur.

Die Metapher des schwarzen Pferdes ist ein Bild der Trauer, der Schwermut, das mit dem Lächeln eines toten Gesichts, mit dem Glück des Fliegens korrespondiert. »In der Tiefe des Birkenhains erscheint ein schwarzes Pferd [...] es wiehert leise, erschreckt vom Anblick des Toten.«[58]

Der Erfinder

Die literarische Figur des Erfinders ist weniger interessant in bezug auf die inhaltlichen Implikationen des Schaffens als in bezug auf die Vermittlung der einzelnen personellen Entsprechungen des Schaffens untereinander. Die 'Funktion des Erfinders' im Text besteht in einer affirmativen Referenz zu *Ikarus, Boriska* und *Andrej* und einem abgrenzenden Bezug zu dem 'Kämpfer auf dem Schnepfenfeld' (der, zusammen mit Boriskas Vater, eine negative Grenze des Schaffens zieht). Die genannten Figuren lassen sich mit der Bezeichnung *Personen des produktiven Schaffens* überschreiben, während die 'Frauen' und der 'Gaukler' sich nicht unter diesen Begriff subsumieren lassen. Sie seien hier als *Personen des affektiven Tuns* bezeichnet.

'Geflo-o-gen!!'

Die These, daß der Erfinder, Ikarus und Boriska Personen des produktiven Schaffens sind, wird im Textverlauf des Kapitels: 'Schwermut. Sommer 1419' nahegelegt. In dem Streit zwischen dem Erfinder und dem Bauern (der 'Kämpfer auf dem Schnepfenfeld' wird hier immer als Bauer bezeichnet) kompromittiert dieser den Erfinder. Der Bauer ist 60 Jahre alt. Er beschimpft die jüngere Generation des Erfinders als feige, halbherzig und schwach: »Ja, ja ... Nicht mehr das alte Blut! Nur noch Knirpse, halbe Tataren! Eingeschrumpft ...«[59], während er seine Generation als selbstbewußt, standhaft, mutig und opferbereit, gesund und stark bezeichnet. Tarkowskij läßt ihn die klischierte Formel der Generationsbarriere aus der Perspektive der Alten, Wissenden aussprechen: »Zu meiner Zeit war das noch anders!«[60]. Der Gestus des Dialogs erinnert an das schon kurz beschriebene Gespräch zwischen Kyrill und Andrej (siehe *Traum*), in dem Kyrill der Generation Andrejs Respektlosigkeit und Werteverfall vorwarf.

Der Bauer wird als ein an den mittelalterlichen Tugenden des Krieges orientierter Charakter gezeichnet; der Erfinder, ein Handwerker, hingegen als ein konstruktiver, produktiver Charakter beschrieben. Innerhalb des Streites stehen sich also Argumente einer *Kriegsehre* (die an den ritterlichen Tugendkodex erinnern) und Argumente des *Fortschritts* (die sich am Allgemeinwohl orientieren) gegenüber. Der *Stolz eines tötenden Kämpfers* streitet gegen den *Stolz eines schaffenden Konstrukteurs*. »Auf dem Schnepfenfeld hab' ich im vordersten Regiment gekämpft! Wie ein Mann waren wir! Dreitausend Tataren haben wir umgelegt! ...«[61] und »ich habe eine Uhr erfunden [...] Eine Uhr für den Turm. Um die Zeit zu messen, eine Glocke zu schlagen. [...] Denkst du, mir ist es um das Geld gegangen? Umsonst hätte ich es gemacht, für die Leute, ich wollte, daß es den Leuten dient ...«[62]

Der zentrale Begriff, die Überschrift des gesamten Kapitels des Streites, ist die *Schwermut*. »Es ist einfach so, daß der Russe ohne Brot leben kann, aber nicht ohne Schwermut, und zu klagen findet er immer etwas«[63] läßt Tarkowskij den Erfinder sagen. Der Erfinder entspricht jenem Typ der Klage, der Melancholie, die sich aus dem *Zwiespalt von Schaffen und Verdruß* ergibt.

Die Melancholie wird von Tarkowskij (bzw. dem Erfinder) als Charakteristikum der Russen behauptet. Schwermut und Klage als Ergebnis einer Aporie zwischen hellem Traum, freudigem Schaffen und der Dunkelheit der Wirklichkeit, dem

---

[58] ebd.
[59] S.220
[60] S.222
[61] S.220
[62] S.221/223
[63] S.226

Zweifel, sind russisch - und »nichtrussische Themen interessierten Tarkowskij ganz einfach nicht.«[64]

In der Streitsequenz zwischen *Attributen der Männlichkeit*, des Krieges, der Gewalt, die der Bauer repräsentiert, und *Attributen des Erfindens*, der Kreativität und Schwermut, für die der Erfinder steht, (das Erfinden korrespondiert direkt mit dem Traum vom Fliegen und somit indirekt auch mit dem Tod) dominiert die Stimmung einer schmerzhaften Klage und traurigen Hoffnung. Männlichkeit/Krieg versus Schwermut/Schaffen ist eine der konstitutiven Tarkowskijschen Dichotomien der Novelle. In bezug auf diese Gegenüberstellung sei noch einmal Hartmut Böhme zitiert: »Dabei ist nicht zu übersehen, daß die Melancholie Tarkowskijs auch eine Umkehrfigur des männlichen Heroismus ist.«[65]

Durch die Unverträglichkeit zweier Wertesysteme stellt sich für den Bauern folgende Frage: »'Aber brauchen die Leute denn so was? [...] Eine Uhr ... Du bist ja nicht dumm, wie ich sehe [...] Warum erfindest du nicht ... na, zum Beispiel eine Kanone ...'«[66] Die *Kanone* und die *Uhr* sind Metaphern, die für zwei verschiedene Weltbilder des späten Mittelalters stehen. Sie stehen auch für zwei Geschichtsbilder: für eine Geschichte der Kriege und eine Geschichte des Fortschritts. In einer Geschichte, welche die Tataren-/Russenkriege geschrieben haben, kündigen der Flugapparat des Ikarus und die Uhr des Erfinders eine neue Zeit an. Sie symbolisieren einen Paradigmenwechsel im Denken der Menschen.

Da die Argumente in der Gesprächssituation aus zwei inkompatiblen Wertschemata bezogen werden, bringt der Erfinder ein neutrales Beispiel aus 'der Zeit des Bauern' an. »Hör zu, was sie mir erzählt haben. Flügel hatte sich da einer gebaut! Wollte fliegen. Mit Steinen hat ihn das ganze Dorf verfolgt. Und hätten ihn fast erschlagen! Deine Zeit! Dieselbe Unwissenheit und Roheit und Wildheit ...«[67] Der Bauer erwidert, daß Ikarus abgestürzt, gestorben, gescheitert sei: »Und ich sage dir, er ist gestürzt und tot!«[68] Der Erfinder läßt dieses Argument gar nicht zu - er *glaubt* an

---

[64]Philip Strick, Vorwort, in: Adrej Tarkowskij, *Andrej Rubljow - Die Novelle*, S.10
[65]Hartmut Böhme, *Ruinen - Landschaften*, in: *Natur und Subjekt*, S.373
[66]S.224/225
[67]S.222
[68]ebd.

Ikarus. Der Erfinder hebt den Sieg und Mut des Eroberers eines neuen Lebensraumes hervor, hält den Beispielcharakter und den Stolz gegenüber eines gewalttätigen unwissenden Volkes gegen die Äußerung des Bauern: »Und er ist auf den Glockenturm geklettert und heruntergesprungen und geflogen! Hat es ihnen gezeigt! Ist geflogen und dann ganz weggeflogen ... Gestürzt - natürlich nicht! Ich sage dir, er ist weggeflogen!«[69] Wieder werden Tod und Leben, Absturz und Flug als argumentative Antagonismen verwendet.

Besonders interessant an dieser Streitsituation ist, daß dem Leser als imaginärem Gesprächspartner, der den Flug lesend miterlebt hat, eine *interpretatorische Antwort* auf den Streit abverlangt wird. Tarkowskij bezieht den Leser als eine unmittelbar wissende Instanz, gegenüber den beiden Dialogpartnern, welche die Begebenheit nur gehört haben, in das Gespräch mit ein. Die Frage, die in dem Streit verhandelt wird, richtet sich somit an den Leser. Er ist geneigt beide Meinungen gleichermaßen zuzulassen, während er sich, ausgehend von den Motiven der Argumentationen, eher mit dem Erfinder identifiziert (der Bauer wird eindeutig pejorativ und der Erfinder meliorativ gezeichnet).

Der interpretatorischen Meinung des Lesers: Ikarus ist *geflogen und abgestürzt* schreit ein Vertreter der jüngsten Generation sein: *'Geflo-o-gen!!'* entgegen.

Boriska saß die ganze Zeit schweigend neben den beiden streitenden Männern. Drei Vertreter der drei lebenden Generationen sitzen sich Dünnbier trinkend gegenüber. Das Kind, Boriska, bis jetzt passiver Gesprächsteilnehmer, der die Geschichte zum ersten Mal hört, also über den objektiven Hergang keinerlei Belege hat, behauptet ohne Überlegung den Sieg des Ikarus. Die Gewißheit gegenüber der erfolgreichen Tat äußert sich in einem ungebändigten Hoffnungsschrei. Quelle dieser unumstößlichen Behauptung ist der Glaube, das *Urvertrauen* eines Kindes.

Das *Motiv des Glaubens* wird von allen literarischen Figuren des Schaffens, den Weiblichkeitsbildern im Text und natürlich von Andrej Rubljow transportiert. Der Glaube ist ein zentrales Motiv der Novelle. *Glaube* in Opposition zur *Furcht*; *Schaffen* im Gegensatz zu *Krieg* und *Macht*; *Verzweiflung* (als Inklusion von *Leben*) und *Leben* gegenüber *Tod* deuten ein strukturelles Schema an, durch welches sich die Inhalte des Buches formulieren. Der Glaube wird im weiteren Verlauf der Arbeit noch von Bedeutung sein.

---

[69]ebd.

Die Stellvertreterfunktion der literarischen Figur des Erfinders bzw. die Verwandtschaften der einzelnen Personen des Handlungsablaufes werden noch an einer weiteren Stelle deutlich. Der *Erfinder als eine Art Leerstelle* im Text, in dem sich viele der anderen schon beschriebenen Charaktere aufspüren lassen und miteinander verbinden, schafft auch eine Querverbindung zu den mit Weiblichkeit besetzten Inhalten des Textes. Die Komplexität eines Geflechts der von nahezu allen Mitspielern der Handlung getragenen Inhalte spiegelt sich in gebündelter Dichte in dem Erfinder wider.

Ein Beispiel (auf der begrifflichen Ebene) für die Verbindung des Erfinders zu einer schon ausführlich beschriebenen literarischen Figur sei an dieser Stelle angeführt: »Und im Dorf war kein Leben mehr für mich! 'Hexer' nannten sie mich alle, 'Hexer' - überall.«[70]

Boriska - ein rastloser Dämon

»Tatsächlich lehnte Tarkowskij es jedoch ab, allzu weitgehend mit Rubljow identifiziert zu werden, und gestand als einzige direkte Verbindung die 'Abhängigkeit des Künstlers von der Natur' zu. Sich selbst sah er eher in der Figur Boriskas, des jungen Glockengießers.«[71], so Philip Strick.

Das im Text vorgestellte Persönlichkeitsbild Boriskas entspricht am eindeutigsten einem *Muster des 'Helden'* in den frühen Werken Tarkowskijs. Die Analogie zwischen Iwan (aus *Iwans Kindheit*) und Boriska ist konstitutiv. Der Charakter, den zu zeichnen Tarkowskij in dieser Schaffensperiode nicht müde wird, ist in den beiden Filmen von Kolja Burljajew hervorgebracht worden. Tarkowskijs Interesse an Handlungen und Reaktionen dieses Charaktertyps auf unterschiedlichste äußere Bedingungen geht jedoch weit über die schauspielerischen Realisationen Kolja Burljajews hinaus. In *Die versiegelte Zeit* schreibt er »In einem sich nicht entwickelnden, gleichsam statischen Charakter wird der Druck der Leidenschaft extrem komprimiert und damit erheblich deutlicher und überzeugender als bei allmählichen Veränderungen. [...] Mein Interesse gilt eher äußerlich statischen Charakteren, die

---

[70]S.221
[71]Philip Strick, Vorwort, in: Adrej Tarkowskij, *Andrej Rubljow - Die Novelle*, S.17

jedoch dank der sie beherrschenden Leidenschaften voller innerer Spannung sind.«[72]
Dieser Beschreibung entspricht Boriska.

Im folgenden soll die Beziehung Boriskas zu den Urelementen/Naturerscheinungen *Erde, Wasser* und zu dem Modus *Geheimnis/Rätsel* untersucht werden.

Berauscht von Erde
»Mit einem Seufzer reißt sich ein Stück Erdkruste los, das mit jungem Gras bewachsen ist, darin zwei winzige gelbe Löwenzahnblüten, eine ganze Welt, bewohnt von Ameisen, Insekten, rosigen Würmern, Marienkäferchen - schwer, warm und duftend liegt sie auf dem Spaten, wie Brot aus dem Ofen, [...] Boriska gräbt wild und selbstvergessen, ohne Unterbrechung, berauscht von der Erde.«[73]

Der *Erde*, die in dem Schema der mittelalterlichen Viersäftelehre der *'schwarzen Galle'* unterzuordnen ist, und die als Naturbild für *Fruchtbarkeit, Dunkelheit* und *Geborgenheit* steht, wird das Material für die Gußform der Glocke entnommen.

In der Viersäftelehre, die eine ganz entscheidende Folie der Weltwahrnehmung des Mittelalters darstellt, ist dem Körpersaft der 'schwarzen Galle' der Mentalitätstyp *Melancholiker*, das Urelement *Erde*, die Jahreszeit *Herbst*, das Alter *Mannesalter* und der Stern *Saturn* zugeordnet. Der Saturn symbolisiert unterschiedlichste Charakteristika: Krieg, Gewalt, Zerstörung aber auch Ackerbau, Landwirtschaft und Handwerk, auch Landstreicherei. Dunkelheit ist ein weiteres Charakteristikum dieser Seite des Schemas. Die Erde, bzw. die 'schwarze Galle', steht zwischen dem *Feuer* und dem *Wasser* und ist von den jeweiligen Seiten mit trocken und kalt besetzt. (Die Viersäftelehre war die Grundlage der Affektelehre der frühen Neuzeit. Sie bildete im Mittelalter einen festen Bestandteil des Weltbildes der Gelehrten und prägte das Selbstverständnis der einfachen Bevölkerung. Sie ist als historisches Kenntnissystem den literarischen Figuren vorauszusetzen.)

Die Suche nach dem richtigen Lehm für die Gußform der Glocke nimmt innerhalb des Textes einen beträchtlichen Umfang ein. Immer wieder wird detailliert und mit

---
[72] Andrej Tarkowskij, *Die versiegelte Zeit*, S.18
[73] S.248

dem visuellen Verständnis eines Filmemachers das Graben in der Erde beschrieben. Die Beschreibung der von Boriska gefundenen Wurzel ist ein gutes Beispiel dafür.

Während des Grabens werden Töten von Lebewesen, die Vernichtung von Lebensraum auf eine malerische Weise mittransportiert und gleichzeitig problematisiert. Als Boriska den zur Wurzel dazugehörigen Lebenszusammenhang - die Pappel über sich - erblickt, akzeptiert er den *Widerstand der Pflanze*, der seinem Unternehmen entgegengebracht wird. Er hält inne in dem Versuch, die Wurzel zu durchtrennen.

Die *Materialbeschaffenheit* des gesuchten Lehms ist ebenfalls Thema der Textsequenz. Sie vermittelt sich dem Leser assoziativ und wird im ersten Teil durch das unentwegte Suchen, durch ihren Mangel erfahrbar gemacht. Das Graben im Erdreich wird mit visuellen Mitteln beschrieben, während das Ziel dieser Arbeit, der 'richtige' Lehm, der *unsichtbare,* in der Erde *verborgene 'Schatz'*, dem Leser auf einem anderen Wege nahe gebracht wird.

Während Tarkowskij den Leser an der Suche beteiligt, ihn für das Erkunden des Erdreiches sensibilisiert, gestaltet er eine Imagination des gesuchten und später gefundenen Bodens, die sich auf dem Wege mehrer Sinnesorgane ergibt. Vordergründig im Leseerlebnis sind jedoch die durch *Berührung* erspürte Feuchtigkeit, Konsistenz und Temperatur der Substanz.

Boriskas Testverfahren in bezug auf die Qualität des Lehms erfolgt durch reiben des Materials in den Handflächen. Durch die Perspektive des Textes und das Identifikationspotential, das Boriska bietet, wird der Leser aufgefordert, sich die Beschaffenheit der Erde auf die gleiche Weise vorzustellen.

In der beschriebenen Weise *spricht die Erde* die *'dunklen Sinne'* (wie sie im 18. Jahrhundert bezeichnet wurden) an. Mittels Tastsinn (auch mit dem Geruchssinn) wird sie vordergründig wahrgenommen. Jene 'dunklen Sinne' - auch 'intime Sinne' - stehen, in diesem Verständnis, den 'deutlichen - distanzierten, auch höheren - Sinnen' des Sehens und Hörens gegenüber. Letztere sind gegenüber ersteren eher *sprachfähig*. In Verständigungssystemen sind daher wesentlich mehr Begriffe, Notationen, Graphen für die 'deutlichen Sinne' nachweisbar. Wahrnehmungsergebnisse des Sehens und Hörens sind gut kategorisierbar, die Perspektive des Wahrnehmenden ist gekennzeichnet durch einen distanzierteren, objektiveren Standpunkt zum Gegenstand.

Die 'dunklen Sinne' hingegen zeichnen sich durch einen unmittelbaren Körperkontakt mit dem Wahrnehmungsgegenstand aus. Der Wahrnehmende ist den Sinneseinflüssen in einem höheren Maße ausgesetzt. Symptomatisch für ein Sinneserlebnis mit den 'dunklen Sinnen' ist das *Nebulöse* der Aufnahme der Sinnesdaten. Die Wahrnehmung ist in einem wesentlich geringeren Maße durch den Modus der Klarheit/Erklärbarkeit des Verfahrens bestimmt und unterliegt somit auch weniger Beeinflussungen/Vorurteilen des Wahrnehmenden. 'Dunkle' Sinneseindrücke weisen in einem wesentlich geringeren Maße ein Äquivalent durch einen Begriff (im Sinne eines idiomatisierten Ausdrucks) auf.

Eine *Perspektive* oder *Strategie* des Wahrnehmens ist nur anwendbar auf die 'deutlichen Sinne', während für die 'dunklen Sinne' der *Impuls*, ein *Ausgeliefertsein* gegenüber den Sinnesreizen, ein *An-* und *Durchdringen* von Wahrgenommenem und Körper des Wahrnehmenden (z.B. die Nase) das Verfahren ausmachen. Ein *blinder 'dunkler'* Kontakt stellt die Nähe zur Erde her.

Der Kontakt mit dem Boden, zuerst während der Suche nach Material und später beim Ausheben der Grube für die Gußform, wird als Naturerlebnis thematisiert.

Das Graben Boriskas und der Arbeiter wird aber nicht nur als Bild der Auseinandersetzung mit Natur und als Bild des Schaffens beschrieben, sondern ebenfalls als ein *mythisches Vorspiel* - als zu beschreitender Weg von der Erde zum Klang der Glocke - und als ein *Bild der Gemeinsamkeit*. Als sich die Gießer weigern wollen, sich an den Erdarbeiten zu beteiligen: »Wir sind doch keine Erdarbeiter! Wir sind Gießer! Wozu sollen wir in der Erde herumscharren?« antwortet Boriska: »Und wißt ihr, was mein Vater mir vor seinem Tod gesagt hat? Alle Gießer sollen die Grube selbst ausheben! Das, hat er gesagt, begreife ich erst jetzt, im Alter. So hat er gesprochen, und dann ist er gestorben ... Versteht ihr?«[74] Diese Reaktion Boriskas auf das sich Widersetzen der Gießer ist gleichermaßen ein gekonnter Trick des Umgangs mit dem Privileg seines 'Geheimnisses' als auch eine Prophezeiung.

Die gemeinsame Erkundung des Erdreiches ist vorbereitendes Ritual des Glockengusses.

---

[74] S.249

Es beginnt zu regnen
Nach langer Suche, in der Boriska das Vertrauen einiger Mitarbeiter seines Projekts einbüßt, stößt er auf den gesuchten Lehm. Ohne zu graben, durch einen Zufall findet er die geschmeidige Masse im Wald an einem Hang, der zu einem Bach führt. Den Lehm betastend empfindet er plötzlich ein Gefühl der unumstößlichen Sicherheit, daß es sich um die gesuchte Erde handele. Seine Einschätzung beruht nicht auf Erfahrungswerten oder einem mitgeteilten Wissen. Die Gewißheit ergibt sich aus der Präsenz des Bodens selbst. Er sieht und befühlt ihn und weiß, daß es der richtige ist. Der Lehm *zeigt* sich ihm, *spricht* Boriska an.»Er wußte nicht, daß er so aussehen würde, hätte ihn nicht beschreiben können, weil er ihn niemals gesehen hatte, aber jetzt weiß er mit aller Bestimmtheit - das ist der Lehm, den er braucht!«[75]

Boriska ist überglücklich über diesen Fund. Er schreit seine Freude in die Stille. »Andrejka, Semjon, Onkel Pjotr! Ich hab' ihn ...«[76] Die Adressaten seiner Rufe können ihn jedoch nicht hören. Boriska ist allein im Wald, und es geht eindeutig aus dem Text hervor, daß er weiß, daß er allein ist.

An die glücklichen Schreie des Jungen anschließend vollzieht der Text einen Perspektivwechsel. Andrej Rubljow kommt zufällig an jenem Uferhang vorbei und ist der einzige Zeuge des glücklichen Fundes. Ein Junge, der sich etwas zwischen seinen Zehen hervorklaubt, schreit unentwegt, sonderbar lächelnd, Namen in den Wald. Boriska und Andrej kennen sich bis zu diesem Zeitpunkt noch nicht. Sie sind sich bisher nur flüchtig begegnet. Boriska kennt weder den Namen Andrejs noch hat er bemerkt, daß sich ihm jemand genähert hat. Und plötzlich läßt ihn Tarkowskij Andrejs Namen schreien: »Stee-pa-an! Hier i-i-i-ist er! Andre-e-ej!«[77] Wenn man den Text auf einer Ebene der Plausibilität der Handlung befragt, läßt sich dieser Ruf als durch das besessene Schreien des Jungen entstellte Entsprechung für seinen Freund und Gehilfen Andrejka interpretieren. Wenn man versucht, dieser Irritation auf der situativen Ebene - Andrej ist der einzige in Boriskas hörbarer Nähe - oder in bezug auf die innere Logik des Textes näher zu kommen, liest sich der Ausruf als An-Sprechen eines alten Ikonenmaler von einem jungen Glockengießermeisters. Ein blindes Verständnis zweier literarischen Figuren des Schaffens wird angedeutet.

---

[75] S.252/253
[76] S.253
[77] ebd.

Den kleinen in die Leere brüllenden Boriska hört ein noch in seinem Schweigegelübde verharrender Andrej. Der Ruf wird im weiteren Verlauf der Novelle beantwortet werden.

Das *Wasser*, das in der Viersäftelehre zwischen 'Luft', die dem 'Kind' entspricht, und 'Erde' vermittelt, begleitet die Szene des Lehmfundes. Es gehört zu dem Paradigma des 'Schleimes'. Das Wasser begegnet dem Leser als Regen.

Das *Motiv des Regens* ist Bestandteil einer Konstellation von Bild- oder Textelementen, die sich in Tarkowskijs Werk stetig wiederholt. Der Regen ist eine Konstante, ebenfalls eine Tarkowskijsche Formel, in seiner Erzählweise. Durch das Bildzitat, die Vorstellung: *Tarkowskijs Regen*, wird der Sequenz eine Semantik mit eingeschrieben, die sich durch die Wiederholung des Motivs immer weiter schreibt und rückverweist. Der Regen, der in der Auseinandersetzung mit der Novelle schon mehrmals auftauchte (Gaukler, 'Schwachsinnige' ...), meint Reinigung, Zäsur in einer Entwicklungsphase eines Menschen oder des Textes, Herstellung eines Naturzusammenhanges, Ausgeliefertsein, *Antwort* auf die Fragen und Wünsche der Menschen von einer vom Menschen unabhängigen Instanz. »Das Echo am anderen Ufer fängt seine glückseligen Rufe auf und trägt sie über die trostlos verlassenen Äcker und gelbbraunen Wälder. Niemand antwortet ihm. Es beginnt zu regnen.«[78]

Noch einmal 'Mutter Erde'

Im weiteren Entstehungsprozeß der Glocke ist die Erde abermals ein dominantes Bild des Textes. Nachdem sie Fundstelle des Materials der Gußform war, taucht sie nun als Arbeitsstelle, als die Grube, in der die Glocke entsteht, wieder auf. Die Grube ist Arbeits- und Lebensraum für eine Gemeinschaft, deren Projekt und Ergebnis der Klang einer Glocke ist. Die Erde umgrenzt/bildet jenen Raum, in dem über vier Jahreszeiten hindurch menschliche Auseinandersetzungen ausgetragen werden, in dem hart gearbeitet wird, in dem sich ein kollektives Schaffen manifestiert. An der Spitze der Arbeits-Gemeinschaft befindet sich ein 14-jähriger Junge, der sich gegen alle Einwände der Vernunft behauptet.

Das Erdloch des Schaffens wird im Text mit Attributen von Heimat und Geborgenheit besetzt:

---

[78] S.253

»... und steigen aus der Grube, die ihnen vertrauter geworden ist als das heimatliche Haus.«[79] Diese 'Heimat' ist die Werkstatt eines verbissen kämpfenden kleinen Jungen. In dem 'Haus' ist auch Platz für *Gewalt* und *Opfer*.

Durch Boriskas Glockengießergeheimnis befindet er sich in einer Position der Unangreifbarkeit seines Urteils und der Vollmacht in bezug auf Handlungsanweisungen. Sein Tun ist aufgeladen mit einer rätselhaften allumfassenden Affirmation. Dieses Privileg (vergleichbar mit einer Instanz wie dem Orakel, das immer recht hat), der Glaube an die Richtigkeit seines Tuns, das Vertrauen auf seinen Blick übertragen sich von ihm auf seine Arbeitsgruppe, auf den Leser, auf Andrej Rubljow. Seine Vollmacht hat sogar einen wirksamen Einfluß auf die Machtstrukturen des Großfürsten. Das *Geheimnis* und das *Selbst-Vertrauen* des Jungen sprengen die Hierarchie von Konventionen, bilden eine neue Ordnung der Wirkungsstruktur (die sich an dem Attraktor 'Geheimnis' orientiert) und verschaffen in den konkreten Auswirkungen in der Arbeitsorganisation einem *Kind* die Möglichkeit von Befehl und Strafe.

Der Junge ist auch ein Bild für kompromißlosen Kampf mit schmerzhaften Opfern. »Die Meister stehen perplex auf dem Steinboden der Grube, und zwischen ihnen sprüht wie ein rastloser Dämon der Junge mit hellen, wutentbrannten Augen. [Nachdem sich ein Arbeiter seinen Anweisungen widersetzen will, F.S.:] 'Aber ich befehle es dir! Und ich bin es, der hier die Aufsicht hat!' [Der Arbeiter beleidigt Boriska. Boriskas Reaktion zu einem Knecht des Fürsten, F.S.:] 'Peitsch den Mann aus! Im Namen des Fürsten, peitsch ihn aus. Er will die Glocke nicht gießen! Er gehorcht meinem Befehl nicht! Ich werde euch zeigen, wer hier den Befehl hat!«[80]

Die Grube ist auch ein Ort der blinden Aggressivität (die nur ein Ziel sieht). Sie bildet den Raum für eine körperliche Verständigung auch mit der *Sprache der Gewalt*.

Nachdem die jeweilige Semantik der drei Symbolmuster (innerhalb der Viersäftelehre) des Modus der Erde/'schwarze Galle' (Material, Grube), des Wassers/'Schleim' (Regen), der Kindheit/'Blut' (Boriska) abgerufen wurde, strebt das letzte Paradigma nach seiner Entsprechung. Während *Erde, Wasser* (welche in bezug auf den hier vorgestellten Zugang deutlich exponiert wurden) die *weibliche* Seite des Schemas repräsentieren, sind die Paradigmen des 'Blutes' und der 'gelben Galle', bzw. der

---
[79] S.264
[80] S.256

jeweilige Symbolgehalt der Urelemente Luft und Feuer, *männlich* besetzt. Die im I. Kapitel entwickelten 'weiblichen Eigenschaften' der Weltaneignung und Reaktion auf Welt lassen sich also auch auf die Glockengießersequenz anwenden. Sie liefern quasi eine Illustration für die *Erdarbeit* (mit all ihren ausgeführten Konnotationen) und für die *Regenantwort* (auf Boriskas Lehmfund).

Die männlichen Komplemente zu *Frau Erde* und *Frau Wasser* sind *Boriska* selbst und das Bild des *Feuers*.

Der 'gelben Galle' (Feuer - Choleriker - Jugend - Süden - Aggressivität etc.) wird mit der Beschreibung des Gusses entsprochen.

Sowohl im Film als auch im Text entsteht ein orgiastisches Licht- und Klangerlebnis. Das Brodeln des schmelzenden Metalls, die hitzeglühende blendende Schmelzmasse (die den Blick verwehrt), das Hantieren der Gießer mit langen glühenden Stahlstangen in einer Funken speienden Dunkelheit, die durch den Feuerschein gezeichnete zuckende Landschaft werden als aggressiver entfesselter Tanz inszeniert. Tarkowskij zelebriert uns ein Feuerspiel, das als Zeugungs-Ritual/Akt begangen wird. Die *Zeugung* ergibt sich aus der Korrespondenz der feuchten dunklen lebendigen Erde auf der einen Seite und des Feuers, des rotglühenden fließenden Metalls auf der anderen Seite. Tarkowskij metaphorisiert den Glockenguß als Befruchtung zweier Urelemente.

Das Gießen der Glocke wird von einer Motivwiederholung im Text, von dem 'stummen Schrei' begleitet. »Den Kopf zur Seite geneigt, lauscht Boriska diesem melodisch lärmenden Donnern des glänzenden Stroms aus Silber und Kupfer, und zitternd vor herzzerreißender Spannung, stößt er entzückt und atemlos vor Glück einen stummen Freudenschrei aus.«[81] (Es handelt sich hier um eine Bildkontamination von Hund und Pferd: stumme Trauer des *Tieres*; der 'Schwachsinnigen': nonverbaler Schmerz der *Weiblichkeit* im Ausdruck des Weinens und Boriskas: stumme Freude und stummes Glück des *Kindes*.)

Nach der 'Zeugung' der Glocke wird sie folgerichtig im Text auch als Boriskas 'Kind' bezeichnet. »Und er [Boriska, F.S.] schläft ein, die Wange an sein stummes, ureigenes Kind geschmiegt.«[82] Und als sich die Glocke aus der Erde erhebt, wird ihr Erscheinen mit Attributen der *Natur* und Stigmata der *Geburt* konnotiert. Auch die

---

[81] S.262
[82] S.263

Reaktion der umstehenden Menge überrascht in ihrer Parallelität zu der Geburtsszene der 'Schwachsinnigen'. Das Erscheinen der Glocke aus der Erde wird als Offenbarung, ihr 'junges Leben' als Prophezeiung, die Evidenz dieses tonnenschweren Körpers als Weltbejahung erlebt. »Und da ist kein einziger Mensch, der kalt und gleichgültig bliebe unter den vielen, die darauf warten, daß die neue Glocke, Symbol der Hoffnung und Zukunft, über der Erde erscheint. Und jetzt zeigt sie sich über der Grube. Langsam, als käme sie widerwillig, feierlich schaukelnd, hervor, *wächst* sie aus ihr heraus, zum Staunen und zur Freude des Volkes.«[83] [Hervh. F.S.]

Der symbolische Gehalt der Erde - *Geburtsstätte* und *Grab* - thematisiert Leben und Tod gleichermaßen. Beide Grenzen oder Berührungspunkte, die das Leben umschließen, werden mit Erde metaphorisiert. Das Motiv der Erde ist mit Schwere und Unendlichkeit besetzt. Es wird auch als dunkles Gegenüber, als verborgenes Geheimnis, als 'schwarze' Vermeidungsfigur von Leben 'ins Bild gesetzt'.

Die Erde (und auch der Symbolgehalt des Glockenschlages) schreibt der Sequenz eine allgegenwärtige Präsenz des Todes ein. *Todesnähe* ist (auch in bezug auf die Herkunft Boriskas; Pest, seine tote Familie) eine semantische Schicht der literarischen Figur 'Boriska' innerhalb des Textzusammenhangs. Aus ihr erhebt sich die Glocke.

In der Beschreibung der Ikonen der 'Dreifaltigkeit' auf den letzten Seiten des Buches verdrängt, sowohl in der Metaphorik des Texte als auch in seinen Themen, der *Klang* das Bild. Die Malerei ist der Gegenstand des von Tarkowskij gewählten Endes von Rubljows literarisiertem und verfilmtem Lebensweg. Doch beschrieben wird sie mit auditiven Mitteln und Themen. »Die Großartigkeit der Linie und der Adel der Farbe, die geboren sind aus dem Leiden und der Liebe zu den Menschen, weichen dem Schlachtenlärm, dem Prasseln und Heulen von Feuersbrünsten, dem zarten dröhnenden Summen der Bienen über schneeigen Buchweizenfeldern - dem *Lied der Erde*, das Andrej zu seiner selbstvergessenen Liebe zwang ... Man vernimmt das gleichmäßige, eintönige *Trommeln des Regens*.«[84] [Hervh. F.S.] Die Malereien Andrej Rubljows *klingen* aus.

---

[83] S.264
[84] S.278/279

Ein Glaube, der Stumme wieder reden macht
Rückblickend zu jenem Kapitel, in welchem dem Leser Boriska erstmalig vorgestellt wurde ('Schwermut. Sommer 1419'), mischte er sich mit einem aggressiven Vorwurf gegenüber dem Bauern in das Gespräch zwischen Bauer und Ikarus ein (siehe: *Der Erfinder*). Die zentralen Begriffe seines Angriffs sind *Glaube* und *Vertrauen*. In dem Vorwurf spricht sich ein kardinaler Inhalt des Sujets des gesamten Textes aus. Wut, Ablehnung und Feindschaft beherrschen den Gestus des Jungen gegenüber dem zwei Generationen älteren Bauern. Glaube und Vertrauen werden aus dem Mund eines zehnjährigen Jungen eingeklagt, siegesbewußt und trotzig, gegenüber jenem 'tapferen Kämpfer im vordersten Regiment auf dem Schnepfenfeld'.

Mit der Gleichsetzung von seinem Vater und dem Bauern stellt Boriska einen aufschlußreichen Zusammenhang zwischen Generationsmustern, allgemein verbindlichen Konventionen und dem 'Glockengießergeheimnis' her. »'O ja! So sieht er aus! [Gemeint ist sein Vater, der ihm das Glockengießergeheimnis nicht verraten will. F.S.] Er gleicht ihm', der Junge deutet mit dem Kopf auf den Alten. 'Glaubt nichts, vertraut keinem! Dabei müßtet ihr uns vertrauen, denn ihr sterbt, und wir bleiben und schlagen uns hier herum und werden uns *schämen müssen vor Gott -* euretwegen!'«[85] [Hervh. F.S.]

Der Topos *Glaube*, der hier gemeint sein soll, verdichtet sich am Schluß des Glokkengießerkapitels. Nachdem die Glocke aus der Erde 'gewachsen' ist, wird ihr Klang sehnsüchtig erwartet. Die Erwartenden sind Bauern aus den umliegenden Dörfern Moskaus, der Großfürst mit seinem ausländischen Gesandten, die an der Erschaffung der Glocke Beteiligten und die Mönche, unter ihnen Andrej Rubljow. Unterschiedlichste gesellschaftliche Strukturen, unterschiedlichste ethische Wertesysteme und unterschiedlichst motivierte Machtmechanismen treffen zu diesem Ereignis zusammen. Ein Volk versammelt sich, vereint in einer kollektiven, blinden Sehnsucht, zu einem gemeinsamen rituellen Klangerlebnis.

Der *Klang* der Glocke ist religiös aufgeladen. Er vermag jedoch, gegenüber dem *Bild* (von Religion) viel unvermittelter zu wirken. Der Klang hat keine Semantik (im Sinne der Wortbedeutung oder des Zeichencharakters einer Bebilderung von Narration), bietet keine Interpretationsmuster an, wie beispielsweise die Ikonen, die sich auf Geschichten, die 'Schrift', die Vergangenheit beziehen. Das Auge ist in einem höheren Maße eine Übersetzungsinstanz als das Ohr. Das Sehen ist dementsprechend auch viel mehr ein Wahrnehmen des Vergleichens und demzufolge ein in die *Vergangenheit* gerichtetes/an *Vergangenem* orientiertes Verfahren des Wahr-Nehmens.

Die Töne der Glocke setzen sich aus Klangfarbe, Lautstärke, einer bestimmten Tonhöhe, einer Stabilität (Klangfülle) der Schwingungen und dem Rhythmus der aufeinanderfolgenden Akzente (innerhalb einer Tonfolge) zusammen. Das Lauschen des Glockenklanges entspricht einer gewünschten Antizipation der folgenden Töne. 'Hin-Horchen', Musikalität sind Erlebnisse des Augenblicks und richten sich in die *Zukunft*. Ein Klang ist so unmittelbar und vergänglich wie sein Hörerlebnis selbst (im Gegensatz zum gemalten Bild, welches nichts anderes als Festhalten von Gesehenem ist) und besitzt somit eine andere Dimension der Gegenwärtigkeit. In der Ausbreitungsrichtung des Klanges und einer gewünschten Vorwegnahme der folgenden Töne (in Analogie zur Ausbreitung der Melodie, in der die Tonfolge nach ihrer harmonischen Auflösung strebt), in jener Richtung also, die ausgehend vom Augenblick der Gegenwart sich in die Zukunft einschreibt, liegt auf einer konkret nachempfindbaren Ebene ein Potential von Hoffnung.

Wie sich Klangfarbe und Klangfülle in der Stille ausbreiten, in der Weite behaupten, so glauben, vertrauen und hoffen die im Hören Vereinten in die Zukunft.

'Hoffnung', 'Glaube', 'Vertrauen' sind die - auf einer begrifflichen Ebene - kontemplativen Entsprechungen der gesamten Glockengießersequenz, deren Realisationen sich in einem *Fortschreiten* konstituieren (und von Tarkowskij in jenen bereits angeführten Charaktertyp verlegt wurden).»Durch die Menge geht ein zitterndes Seufzen, dann herrscht unnatürliche, erschreckende Stille. Die Meister blicken zu Boden, sind ganz Ohr geworden, warten, ohne einen Blick für den sich immer mehr vergrößernden Schwung des Klöppels, auf den Klang; denn nur seinetwillen haben sie ein ganzes Jahr lang gefront wie Verdammte, haben Schande und Demütigungen auf sich genommen und, ohne selbst zu wissen, warum, diesem besessenen Jungen vertraut.«[86]

Boriskas Körper versagt wegen der Anstrengung des Ereignisses, der *Last der Hoffnung*. Er gleitet zu Boden. Das Wechselbad zwischen der Schwere der Erwar-

---

[85] S.225
[86] S.266

tung, die sich auf ihn richtet, und der unbändigen Freude und Dankbarkeit über das Gelingen des Unternehmens überfordern den kleinen kindlichen Körper. Er *weint*. »Ungehemmt rinnen ihm glückliche Tränen über das schluchzend verzerrte Knabengesicht.«[87]

Boriska läuft ziellos, stolpernd umher. Plötzlich findet er Halt an der körperlichen Gegenwart Andrej Rubljows - Andrej drückt ihn an sich - und in seinem Trost: »Ist ja gut ... alles ist gut ... ist vorbei ... alles ist vorbei ... schon gut, schon gut ...«[88] Rubljow überwindet sein Schweigegelübde aufgrund eines situativen Impulses. Die Not des Kindes (Boriskas Kampf gegen den Schmerz über den Verlust seiner Familie, gegen die Enttäuschung wegen des Mißtrauens seines Vaters, gegen die schmerzhafte Allgegenwart dessen Todes - sein Kampf gegen den Schmerz der Liebe und des Hasses zu seinem Vater), die unendliche Einsamkeit Boriskas in dieser Stunde seines Sieges lassen Andrej wieder sprechen. Andrejs Trost und seine Achtung richten sich auf ein Kind, die Verkörperung von *Urvertrauen an Welt*. (In der Gleichzeitigkeit von Ausgeliefertsein und Hoffnung - verkörpert durch Boriska -, in der Gleichzeitigkeit der Überwindung des Schweigens und der Umsorgung des Knaben - verkörpert durch Andrej -, gleicht die Figuration *Boriska-Andrej* dem 'russischen Tatarensohn' und der 'Schwachsinnigen'. Die Struktur einer Schicht der beiden Figurationen ist nahezu kongruent.)

Boriska weint Andrej sein Geständnis entgegen, sein Vater habe ihm das Geheimnis doch nicht verraten. Der Trost Andrejs scheint zu meinen: 'Du hast dein eigenes Glockengießergeheimnis geschaffen. Das Mysterium deiner Tat spricht lauter und heller zu den Menschen als ein altes gestorbenes überwundenes Glockengießergeheimnis. Du hast ein Geheimnis gefunden, entdeckt und geschaffen, das nicht auf Mißtrauen, Furcht und Macht beruht. Dein Geheimnis predigt Glaube und Vertrauen, ohne der Wörter zu bedürfen. Es erzählt auch die Geschichte von dem fliegenden Bauern. Es klingt den Leuten in den Ohren.'

---

[87] S.267
[88] ebd.

III. Andrej Rubljow malt seinen neuen kategorischen Imperativ

Du sollst nicht fürchten!

In dem Kapitel: 'Der Überfall. Herbst 1408' entwirft Tarkowskij ein Bild des Schreckens, der Folter, der Menschenverachtung, der Schändung, des Verrats. Die Tataren greifen gemeinsam mit dem Kleinfürsten Wladimir an. Pjotr wird von dem Fürsten erschlagen. Foma trifft ein tödlicher Pfeil eines Tataren. Das Brodeln der brennenden Speicher, die schwarzen Rauchsäulen und der Brandgeruch liegen über der Stadt. In die Uspenskij-Kathedrale sind einige Überlebende geflüchtet, in jene Kathedrale, welche der Ort der 'Zeit der weißen Kalkwände', der 'Körper' für die 'Wunde der schwarzen Rußmischung' und Rubljows Medium für sein 'freudiges Jüngstes Gericht' darstellte. Andrej blickt um sich. Er nimmt die Bedrohung in sich auf, blickt jenen dem Tod geweihten Menschen ins Gesicht, schaut den von ihm geschaffenen Frauen in ihre 'ruhigen Augen voller Hoffnung' - er tritt in einen Blickdialog mit dem Werk seiner eigenen Bildsprache.

In der Versenkung in ein geheimes Selbstgespräch mit seinen gestalteten Wänden, in den Augen-Blick mit den von ihm geschaffenen Augenpaaren vertieft, nimmt er das Angesicht seines und eines kollektiven Todes wahr. Wladimir, die Stadt seiner Arbeit, seines Lebens, seiner Freunde wird vernichtet. In dieser Situation der äußersten Not macht er eine interessante Beobachtung. »Und um sich herum sieht er die harten Mienen der zum Letzten entschlossenen Männer, verweinte Kinderaugen, die neugierig auf seine Fresken blicken, das Leuchten zeitloser Langmut auf den Gesichtern der Frauen, und ein unerklärliches *Glücksvertrauen* durchströmt hell und schmerzlich seine Seele.«[89] [Hervh. F.S.]

'Gut' hat das letzte Wort - 'Freude' ist seine Begründung
Der bereits beschriebene 'Gut- und Böseexkurs' zwischen Andrej und Theophanes begleitet den Leser als ein zentraler Konflikt des Textes, wie auch als innerer Konflikt Andrejs, das gesamte Buch hindurch. Andrej befindet sich während seines Lebensweges, den der Leser mit ihm gemeinsam geht, von seinen Kindheitsträumen

an bis zu den Ikonen der Dreifaltigkeitskathedrale, auf der Gratwanderung dieser Fragestellung. Seine Persönlichkeit entwirft sich in dem Balanceakt zwischen Verneinung und Bejahung der Welt, zwischen Schweigen und Malen. Theophanes, der ärgste Widersacher seines 'halsstarrigen' Glaubens an das Gute im Menschen, begegnet Andrej in der Zeit seiner größten Verzweiflung.

Nach der detaillierten Schilderung der Folterszene Patrikejs und der Beschreibung, wie der Fürst vom höchsten Punkt Wladimirs aus, vom Glockenturm, die Folgen seiner Verwüstung wahrnimmt, wird Andrejs Befindlichkeit plastisch beschrieben. Er ist in einem Zustand größter Verlassenheit. Der 'Raum seines Empfindens' ist ausgefüllt von tödlicher Einsamkeit - oder ein *leerer 'Raum'*: ohne Gott, ohne Hoffnung, ohne Freund, ohne Farbe oder Gestalt für ein Bild.

Er steht verlassen zwischen den Wänden der Kathedrale, denen ein zweites Mal eine Wunde zugefügt wurde. Sie sind zu einem großen Teil verbrannt, vom Ruß geschwärzt und von den Einwirkungen des Kampfes beschädigt. Andrej kniet, umgeben von seinen entstellten Bildern, zwischen Leichen: »Es ist, als hätte er beten wollen, doch mit einemmal nicht nur alle Gebete, sondern auch alle Worte vergessen. Starr und verloren kniet er dort wie ein Taubstummer, der plötzlich auch noch das Augenlicht verloren hat - das einzige, was ihm geblieben war.«[90] Andrejs Zustand wird im Modus des Verlusts charakterisiert, mit einem *Sprach- und Sinnesverlust* - einem Verlust: des Gebets, des Wortes, der Stimme, des Ohrs, des Auges.

In diesem *Moment des Zweifels* 'besucht' ihn Theophanes. Er kommt aus dem Reich der Toten.

Als ihm Andrej von seinem Vorhaben der Weltabgewandtheit, dem Schweigegelübde, seiner *unsagbaren* Verzweiflung berichtet, wird *Theophanes' Verwandlung* deutlich: »'Ich lege ein Schweigegelübde ab. Werde schweigen für immer. Ich habe nichts mehr, worüber ich mit den Menschen reden könnt ... Ein guter Vorsatz, meinst du nicht?' [so Andrej, F.S.] 'Ein schlechter' sagt Theophanes voller Trauer. 'Hast du nicht selbst einmal zu mir gesagt: 'Wenn du es nicht aussprechen kannst, dann schweig'.' 'Was hab' ich nicht alles gesagt!' [...] 'du, hör mal - gib das Malen nicht auf, du bringst nicht dich selbst um deine Freude, sondern die Menschen!' bittet er leise.«[91]

---

[89] S.147
[90] S.182
[91] S.185/186

'Gut' spricht eine andere Sprache

Auf dem Weg von Andrejs Selbst- und Weltbefragung, in der Auseinandersetzung mit seiner Gut-Oder-Böse-Frage (bzw. während der Suche des Textes nach einer Antwort) sprechen der lebende Theophanes und die äußeren Lebenszusammenhänge (Krieg, Verrat, Eigennutz, ...) eine *eindeutige Sprache*. Die Entgegnungen zu dieser 'Allerweltssprache' äußern sich *verhalten, stammelnd, suchend* oder aber *schreiend, weinend, fordernd* in einem *aggressiven Ton* - 'tierisch', 'weiblich', 'kindlich', blikkend und stumm. Sie organisieren jeweils neue Systeme des Ausdrucks.

Diese Sprachsysteme entbehren den Gestus einer deklarativen Behauptung. Der *Interrogativ* oder der *Imperativ* sind ihre Satzmodi.

Werkzeuge oder Begriffe sind nicht die Mittel ihrer Sprachgewalt. Die *Organe ihres Sprechens* sind: die Körper der 'Moskauer Frauen', das Weinen der 'Närrin', die Augen der Hexe - umgeben von Nacktheit -, das Lachen des Gauklers, die Flügel des Ikarus oder Boriskas Geheimnis; *ihre Argumente*: die 'blonden Zöpfe', der 'russische Tatarensohn', Marfas (der Hexen-) Blick - ohne Scham, ohne Angst, in freudiger Erwartung, die Furchtlosigkeit des Gauklers und sein Tanz, Ikarus' Blick in den Tod und in den Himmel, die Selbstlosigkeit des Erfinders, der Klang der Glocke.

Die *Empfänger* sind auch der Regen, ein Pferd oder die Nachtigall.

Die einsamen Befürworter der These, die sich für das Gute ausspricht, tanzen, singen, befreien sich, klingen, schwimmen, schlagen das Tamburin.

Das Sprachsystem ihrer Äußerungen kennt nur ein Genus verbi: das *Aktiv*.

Ihr Handeln/ihr 'Redefluß' ist oft lange Zeit unterbrochen, von *Lücken des Schweigens*, 20 Jahren Festungshaft, Verzweiflung oder Stille.

*Ihr*e Wörter sind gefüllt mit Gemeintem, sind Anteilnahme des Sprechers, haben eine Richtung, wenn auch kein Ziel - leben vom *Sich*-Mit-*Teilen*.

Die Logik ihres Sprechens orientiert sich am '*Ja*'. Affirmation und Negation sind nicht zwei gleichberechtigte Funktoren im Verarbeitungssystem von Mitteilungen.

Das Motiv ihres Handelns, quasi der Motor *ihres* sprachlichen Wissens, ist ein *blinder Glaube*. Er entzieht sich den konventionellen Bahnen von Be-Gründung oder Er-Klärung. Die Antwort *zeigt* sich denen, die zu schauen wagen - mit einer Sprache der 'Musik der Natur'.

Leerstellen sprechen eine undeutliche Sprache
Aus der Hilflosigkeit in bezug auf das Medium des verschriftlichten Textes und als Stilelement seines Schreibens fügt Tarkowskij eine *'Tonspur' mit Worten* hinzu. Das ist ein Paradox der Novelle eines Filmemachers, das im Verlauf des Buches immer spürbarer wird. Denn sie verbleibt auf der Ebene der Begriffe und macht durch den Charakter des *Benennens* ihr Unvermögen, die Grenze ihrer Ausdrucksfähigkeit, ihre Eindimensionalität deutlich. Das Eingezwängt-Sein von Inhalten in das Formativ des Wortes wird besonders am Schluß des Buches deutlich. Die starke Differenz zwischen Tarkowskijs Absicht, die Ikonen angemessen zu beschreiben (bzw. die Ikonen sprechen zu lassen, sie dem Leser nahe zu bringen) und dem Inhalt der Wörter, der den Leser *erreicht*, hinterlassen als Leseeindruck ein Gefühl des Mangels, des Nicht-Ausgedrückt-Worden-Seins. An den Schnittstellen dieser Grenzen der Wörter scheint das Zelluloid des Filmemachers Tarkowskij hervor. Das auf der Ebene der Bezeichnungen Nicht-Ausgedrückte, ein Stammeln und Suchen nach den richtigen Worten, ist dem folgenden Zitat mit eingeschrieben. Es ist beispielhaft für den gesamten Text und soll die Ergebnisse der Auseinandersetzung mit der Metaphorik Tarkowskijs, welche in der hier vorliegenden Arbeit entwickelt wurden, auch in diesem Sinne akzentuieren. Eine deutlich spürbare Kluft zwischen einer aufstrebenden Emphase des Sprachgestus' einer Klang-, Licht-, Melodie-, Natur-, Farben- und Formensprache und einem Verbleiben in der linearen Redekette der Schriftzeichen spricht sich als Inhalt des Textauszugs mit aus, der durch die *Flachheit* der Wörter deutlich wird. Es ist sinnvoll, die Wörter im Sinne einer ihnen innewohnenden partiellen Leerstelle als ein Anteil ihrer Bedeutungsextension - und auch als Sprachkritik - zu lesen.

Während Tarkowskij im Bewußtsein des Lesers die geschaffenen Ikonen und Fresken vorüber ziehen läßt, ist der Wortlaut seiner Novelle folgender: »und gleichzeitig erklingt, was Andrej in jenen Augenblicken hörte, wenn große, strahlende Formen in ihm dämmerten - Geräusche und *Musik der Natur*, die mit den Intentionen des Gemalten zusammenflißen und den Schritt Rubljows zu ihrer Verwirklichung unendlich einfach, so wie er eben war, erkennen lassen.«[92] [Hervh. F.S.]

Muttersprache

In der Ereigniszeit der Novelle - im Mittelalter - wurde zwischen *Vater-* und *Muttersprache* unterschieden, wie auch Vater und Mutter, Mann und Frau ganz unterschiedliche signifikante Funktionen im sozialen System dieser Zeit ausübten. In Andrej Rubljows Umgebung waren männliche und weibliche Ausdrucksmittel gesellschaftlich ganz unterschiedlich und auf eine symptomatische Weise besetzt. Die Bezeichnung der jeweiligen Sprache kann als Allegorie der Lebenszusammenhänge verstanden werden.

Die 'Vatersprache' war Latein und wurde vorwiegend von den Mönchen und Schriftgelehrten verstanden und benutzt. Die 'Muttersprache' ist die Entsprechung eines unmittelbaren Sprachbedürfnisses, welches in jedem Menschen als 'Sprachliches Wissen' angelegt ist. Die Muttersprache wird im Erstspracherwerb vom Kind erlernt. Die 'Vatersprache' setzt immer eine mittelbare Übersetzungskompetenz voraus. Das Erlernen der 'Vatersprache' ist nicht durch ein natürliches Ausdrucksbedürfnis motiviert. Die 'Vatersprache' schuf in der Praxis ihrer mittelalterlichen Verwendung eher Verständnisbarrieren als einen Austausch von Inhalten.

So wie der affektiv geäußerte Laut (z.B. Schrei), der aber an einen Empfänger gerichtet ist, durch seine Absicht gehört zu werden sich seinem möglichen Empfänger anpaßt; so wie das konventionalisierte gesprochene Wort einen weiteren Abstraktionsgrad erfordert; so wie die Verschriftlichung des phonetischen Materials wiederum eine Abstraktionsleistung abverlangt, so ist die Verwendung einer mittelbaren Sprache (Fremdsprache) eine Übersetzung und Abstraktion des geschriebenen Wortes der Muttersprache. Die mehrfache mittelbare Übersetzung innerhalb der beschriebenen Abstraktionsstufen hat einen stetigen Verlust an Inhalten zur Folge. Der Austausch wird zur toten Sprache idiomatisierter Ausdrücke.

Die 'Vatersprache', welche zusätzlich zum größten Teil in der verschriftlichten Form verwendet wurde, zeichnet sich also durch einen hohen Grad an Distanz zur unmittelbaren Bedeutung aus. Sie ist die unnatürliche fremde Sprache. Vorrangig wird die 'Muttersprache' gesprochen. Sie konstituiert sich nach den Gegebenheiten eines im Menschen angelegten Mitteilungsbedürfnisses. Die Muttersprache ist wesentlich instabiler, anpassungsfähiger und besitzt einen unendlichen Wortschatz dialektaler Prägungen. Sie ist die natürliche vertraute Sprache.

---

[92] S.277

Der Grund für diesen kurzen Exkurs ist die Bezeichnung der beiden Sprachtypen - *Mutter*sprache - *Vater*sprache. Sie gibt Aufschluß über ein mittelalterliches Veständnis von weiblichen und männlichen Attributen. Das *'Muttersprache'/'Vatersprache'-Modell* eröffnet eine aufschlußreiche Perspektive bzw. einen aufschlußreichen Zusammenhang in bezug auf das Verhältnis zwischen Modi der Weiblichkeit/Männlichkeit und Sprache.

Rubljow malt

Theophanes sagt: »Wo keine Furcht ist, ist auch kein Glaube.« Die dem Tod geweihten, in der Uspenskij-Kathedrale verschanzten Menschen singen: »Gott, meine Zuflucht und mein Schild, mein Gott, auf den ich hoffe! ... Du sollst nicht fürchten die Ängste der Nacht und die Pfeile des Tages ...«[93] Andrej malt »die nassen Haare der Hexe im bäuerlichen Sarafan [...] In erhabener Trauer [...] die Gesichter der gerechten Frauen [...] Gesichter, schön und unschön, bezwingend, von Frauen, die er, einer wunderbaren Laune befreiter Einbildungskraft folgend, in die Schar der Gerechten erhoben hat.«[94]

---

[93] S.173
[94] S.277

Literatur

Böhme, Hartmut, *Natur und Subjekt*, Suhrkamp Verlag, Frankfurt am Main 1988

Lem, Stanislaw, *Solaris*, Deutscher Taschenbuch Verlag, München 1986

Strugazki, Arkadi und Boris, *Picknick am Wegesrand*, Verlag: Das Neue Berlin, Berlin 1979

Tarkowskij, Andrej, *Andrej Rubljow - Die Novelle*, Limes, Berlin 1992

Tarkowskij, Andrej, *Die versiegelte Zeit - Gedanken zur Kunst, zur Ästhetik und Poetik des Films*, Gustav Kiepenheuer Verlag, Leipzig und Weimar 1989

Dieser Titel wurde uns vermittelt durch die
B&P Verlagsagentur Berlin
www.zauberspace.de
info@zauberspace.de